全力イタリアン

「ポンテベッキオ」が求める究極の味

山根大助 *Daisuke Yamane*

柴田書店

リストランテは"道"の世界。
だから突き詰めていきたい

　2016年で「ポンテベッキオ」をオープンして30年になります。長かった気もするし、あっという間だった気もする。成功もあれば、残念ながら失敗もある。でも自信を持っていえるのは、とにかく全力でイタリア料理に、そして自分にしかできない料理に向き合ってきたということです。

＊

　イタリアでの修業から帰って間もない1986年9月、30坪26席の小さなレストランをオープンさせました。大阪市内の高速道路の下を流れる川にかかる小さな橋のすぐそば。それが最初の「ポンテベッキオ」です。近くの橋の名前を本町橋といいます。現存する大阪の橋の中ではもっとも古いといわれ、店名のポンテベッキオ＝古い橋と名付けたのもその橋の存在があったからです。

　オープンキッチンでカウンターを作り、テーブル席も用意しました。いい食材をシンプルに料理したかったので、メインは炭火焼きでした。その時、炭火焼きに集中したことによって、炭で焼くことのむずかしさ、そのむずかしさをクリアするための論理的な解釈の必要性、さらに肉や魚、野菜に「火を入れていく」という調理工程そのものを深く考えるようになりました。だから炭火焼きは今でももっとも思い入れのある料理のひとつです。

　幸いにも最初の店は軌道にのってお客さまがどんどん来るようになりましたが、予算がないままスタートした店だったので、とにかく道具もないし、狭いし、暑い。いろいろなものも壊れてきました。でも、勢いにのってやりたい料理はどんどん増えていくわけですから、ストレスになっていきます。私だけではなく、スタッフやお客さまも感じてくるはずです。この時の経験は今思えば、いつか理想の店を持ちたい、というモチベーションにつながったと思います。イタリアで修業してきた非日常の空間「リストランテ」にこだわるなら、このままではだめだ。そこで思い切って1996年4月、天満橋に移転しました。50坪45席と、ほぼ倍の規模の店を構えたのです。

＊

　天満橋の店ではテーブルや椅子にもリストランテとして納得するものを求めました。結果、最初は混乱しましたが自分の料理も、スタッフの動きもいい方向に向かっていったと思います。そしておかげさまで連日満席という人気店となりました。自分がとことん考え、納得して作り上げた店が成功する。このことがひとつの自信になったとともに、リストランテとしての格、プライドを持った料理人になろうと改めて決心できました。以降、ピッツェリアのようなカジュアルなスタイルの店を作っても、どんな異なる

コンセプトをたてても、それがラーメン店であろうと、"リストランテ"としての「ポンテベッキオ」の精神、ひいては「山根イズム」が流れる店を意識しています。

*

　山根イズムとは何か。それはどんな店でもその店のスタイルにあった「究極を求めること」「納得するまで突き詰めること」「ひとの真似はしないこと」そして「ロジカルに考えること」です。2002年4月に「メンサ・ポンテベッキオ（ビル建替のため閉店）」をオープンした時はその考え方をフル回転させました。140坪115席という大型店舗で、スタイルはカジュアルでも料理は「リストランテ」のような満足感を与えたいと思ったので、考えうる料理をすべて分析し、効率的な、それでいて質は変わらないレシピを再構築しました。さらに「ポンテベッキオ」のスペシャリテである炭火焼きを、大型店舗でもグレードアップさせるために厨房業者と話しし合いながら理想的なローストができるジラロースト（30ページ参照）の第一弾を開発したのもこの頃です。短時間でゆで上がるパスタも開発しました。この時、開発するために必要な料理や食材に対する探求力と理解力が培われたように思います。

*

　北浜に「ポンテベッキオ本店」を構えたのは2004年12月でした。店作りに関してはこれまで通り妥協せずに取り組みました。テーブルや椅子、照明のデザインにこだわることはもちろん、食器も自分でデザインしました。100坪58席、キッチンだけで25坪という広い空間には最新型のジラローストを揃え、パスタ、デザートとコーナーも分けて快適に料理に集中できる環境に仕上げました。ようやく理想とする「リストランテ」の舞台がととのったといえます。

　そしてここで出す「リストランテ」の料理は、我ながら恥ずかしげもなく自信を持っていいますが、その瞬間の自分にとっての「究極」を表現したものです。最高の食材を選び、それにふさわしい最適な調理をし、理想の味、食感に仕上げる。誰もやっていないことをめざしたいから、とことん分析し、考え抜き、何度も何度も試作と実験を繰り返してようやくひと皿として完成します。そしてそうやって苦労したひと皿も、また次のシーズンにはもっとおいしくなるかも知れない、と思ってまた分析し、考える。

*

　なぜここまでやるのだろう？と考えてみました。それはやっぱり「リストランテ」だからです。「リストランテ」は私にとっては"道"です。「リストランテ道」。突き詰めても突き詰めても、求めても求めても、キリがない。商売なのだけど商売とはいいにくい。なぜなら、料理人のアイデンティティが反映されるものであり、損得では語れない「何か」があるからです。それが文化といえるのかも知れません。納得するまでやりたい、極めたい、そういう気持ちを持ち続けないと、リストランテに限らず飲食業はだめでしょう。それが、料理人としての意地だと思っています。そんな意地に突き動かされて、今日もまた全力でイタリア料理を作り続けるのです。

Sommario 目次

リストランテは"道"の世界。だから突き詰めていきたい………2
本書のレシピについて………6

I ロジカルテクニック

ロジカルテクニックについて………8

鴨を巻いて焼くふたつのロートロ………10
- ●皮で包んだ河内鴨のロートロの炭火ロースト、紅くるり大根の含め煮と焼き万願寺、オレンジ風味の鴨のジュと実山椒を添えて…14　●皮のクロッカンテとフォワグラのコンフィを添えた河内鴨のやわらかロートロ…15

低温でオイルインオイル………16
- ●バターの中でじっくりと加熱した石黒農園のホロホロ鳥とホワイトアスパラガスのフリカッセア、スプニョーラ添え…17　●タケノコと鴨モモ肉のコンフィのタリオリーニ、木の芽ジェノベーゼ…18

やわらかい熱のあたり………20
- ●目板カレイとウニの紙巻き焼き、緑の豆と焦がしバター…21

塊なのにやわらかい………22
- ●豚のコントルフィレの格子切りサンジョベーゼ付け焼き、白アズキとソラマメのズッパとフォワグラを添えて…23　●じっくりと5回焼いた格子切りオリーブ牛、たっぷりのアスパラ・ソバージュ添え…24

トロトロで煮込む………26
- ●やわらかダコのクリーミーリゾット、皮と吸盤のトロッとしたソース　フキノトウ風味…27　●アコウと蒸しアワビのとろとろブロデット、ホウレン草のソテーとアイオリソース添え…28

ロースターとジラロースト………30
- ●河内鴨の丸焼きジラロースト、焼き長ネギ添え…32

料理のキャスティング………34
- ●ホワイトアスパラガスの蒸し煮と目板カレイ、濃いズッパ・ディ・ペッシェと…35

塩漬け熟成でうま味………38
- ●塩漬けしたワタリガニのスパゲッティ、アーリオ・オーリオ・エ・ペペロンチーノ…39

II リストランテ・スタイル

リストランテとしてのプライド………43
- ●少量の昆布水でじっくり蒸し煮したグリーンアスパラガス、チーズフォンデュと焦がしバター添え…46　●皮だけ加熱した水ナスのマリネ、イタリアンなサラダ仕立て…47　●究極のサルシッチャ…49　●鬼エビとハタのスカロッパのさっと焼き、たっぷりのレモンバターソースで…52　●ひな鶏のピッカータ風から揚げ、ウイキョウとネギのザバイオーネ、アグレッティとコーン添え…53　●寒ブリと蒸しアワビの肝バター和え、カブのフォンドゥータと葉のソース…56　●アユのコンフィの熱々と瓜科

のマチェドニア、メロンのソルベット添え…57 ●トマトヴィネガー風味のタケノコマリネとタイラ貝、木の芽添え…57 ●ホタルイカと菜の花の冷製カペッリーニ、ユズの風味…60 ●ハモの炭火焼きと揚げ野菜 スダチアンチョビーソース、冷たい夏野菜のクレーマと…61 ●"活シラス"と菜の花のオイルスパゲッティ…61

III スペシャリテ
アイデンティティのあるスペシャリテ………64

●温かいポテトのティンバッロとキャビア…66 ●冷たいピュアなトウモロコシのスッコ、フォワグラ添え…67 ●本マグロの軽いスモークと新ショウガのサラダ、日本酒のオランデーズとボッタルガを添えて…70 ●海水ジュレをまとった蝦夷バフンウニ、アミノ酸スープに浮かべて…71 ●菜の花とブッラータチーズを詰めたメッツァルーナ、香りの多重攻撃…74 ●コラーゲンたっぷりの詰め物をしたアニョロッティ・ダル・プリン、ローストしたクリと白トリュフの香り…75 ●じっくり炭火で焼いた天然海ウナギ、ズッキーニとナスのスキャッチャータと本ワサビ、シェリーヴィネガーのサルサ添え、いりつけズッキーニで覆って…78 ●一度高温で揚げた天然スッポンのフリカッセア、アーティチョークをたっぷり…79 ●パリッとした皮の淡路島産猪豚バラ肉のとろとろブラザート、芽キャベツとキノコを添えて…82

IV 生地の展開
リストランテのパスタとピッツァ………87

●トリッパと白インゲンのサフラン煮込みのパスタ・トルナード…90 ●河内鴨とウスイエンドウのストラート、ペコリーノとパルミジャーノで…91 ●いろいろなトマトのマルゲリータ…94 ●たっぷりマッシュルームのクリーミーピッツァ…94 ●シュークルートとゴルゴンゾーラ、ドライイチジクのピッツァ メープルシロップとコショウの風味…94 ●トウモロコシとアンチョビーバターのピッツァ…95 ●タケノコと木の芽風味のバーニャカウダソースのピッツァ…95 ●たっぷりフルーツとハチミツのデザートカルツォーネ…95

V 料理としてのデザート
デザートも料理のひとつ………99

●イチゴの落とし穴 2013…100 ●イチゴの落とし穴 2014…101 ●イチゴのフレッシュポタージュ、ハチミツのジュレ、シャンパンの泡をのせて 2010…102 ●イチゴのNEOショートケーキ 2014…103 ●モモの絶妙コンポート、プラムのサンセットスープとシャンパーニュのソルベット添え…104 ●液体窒素を使ったデラウェアの瞬間ソルベット…104 ●バニラ風味の温かいスフレ ヴィンコットソース 洋梨のソテー添え…104

Ricetta レシピ 107
ブロードなど料理のベース………126
パスタの成形………127

昆布水の話………36
最適調理のひとつとしての
　ピュレ、パウダー………58
パスタ生地の理想形………88
料理人が作るピッツァ………92

本書のレシピについて

○コショウは黒コショウを使用。
○昆布は真昆布を使用。
○ローリエはドライを使用。
○オリーブオイルは、指定外はエクストラ・ヴァージン・オリーブオイルを使用。
○長ネギは、指定外はネギの白い部分を使用。
○ニンジン、セロリは、指定外は皮付きのまま使用。
○赤トウガラシは鷹の爪を使用。
○バターは無塩バターを使用。
○生クリームは乳脂肪分47%を使用。
○焦がしバターはフライパンにバターを入れて中火にかけ、溶けて泡が出てきたら火を弱めて茶色に色付ける。
○塩漬けケイパーは水に浸けて塩抜きする。
○ニンニクは切り方を指定しているもの以外は皮をむいて縦半分に切り、芯を取り除く。
○パルミジャーノチーズは、指定外は使う直前にブロックをすりおろす。
○「氷せん」とはボウルに氷水を入れ、その中に材料や生地が入ったボウルを入れて冷やすことをさす。
○板ゼラチンの分量は冷水でもどす前のもの。
○(　　)内のcm、mmは切る時の長さや幅、厚さを表す。

本書のレシピは既刊本『素材を生かす山根流イタリア料理100』から一部流用をしています。
メニュー名は「ポンテベッキオ」の表記に準じています。

I

ロジカルテクニック
Metodi logici

ロジカルテクニックについて

　私が大切にしている調理理論のひとつに「最適調理」というものがあります。これは、素材にとってベストな調理法を文字通り最適な調理でほどこすことで、大阪・天満橋に「ポンテベッキオ」を移転した1996年くらいから意識しています。イタリアという異国の料理がテーマなので、イタリア料理とは何か？ を考える機会は多くありました。イタリア料理とは郷土色と深い歴史に裏付けられた素材を大事にする料理であることは間違いありません。でも、ならば素材も調理法もイタリアそのままであればイタリア料理なのか？ それは単なるコピーではないか？ そうした自問自答を繰り返すことは、考える力を養ったと思います。そして考え抜いて行き着いた答えは、自分はオリジナリティにあふれた料理を作りたいということ。そして最適調理で調理された素材をイタリア料理に着地するように作りたいということでした。

　そう考えられるようになると、着地点のために今まで以上にイタリアを意識し、学ぶようになりました。そして素材についても真摯に向き合い、その素材に一番ふさわしい調理を探るためにデータをとり、料理をロジカルにとらえるようになりました。

　たとえば肉の火入れに関していえば、私にとって仕上げたいおいしさの三原則は「ジューシー・やわらか・いい香り」です。ジューシーにするには肉汁を出さないことですが、一般的には強火で肉の表面を焼き固め、肉汁の流出を防ごうとします。でもそれだと肉の組織が壊れてしまう。組織を保護するように、強火だけど放射熱のやわらかい火加減で焼きます。そのために、遠火の炭火焼きが最適だという結論に至るわけです。また、やわらかくするためには繊維を切り、香りを出すためにタンパク質と糖が反応するメイラード反応がきれいに起こるように、表面が肉汁でコーティングされるような焼きをめざします。

　常に考え、なぜそうなのか？ の答えを求め続けることは、そこから先の展開にもつながります。ロジカルな考え方は発想力だけではない骨太なアイデンティティのある料理を作るためには必要不可欠なことなのです。

1 ロジカルテクニック

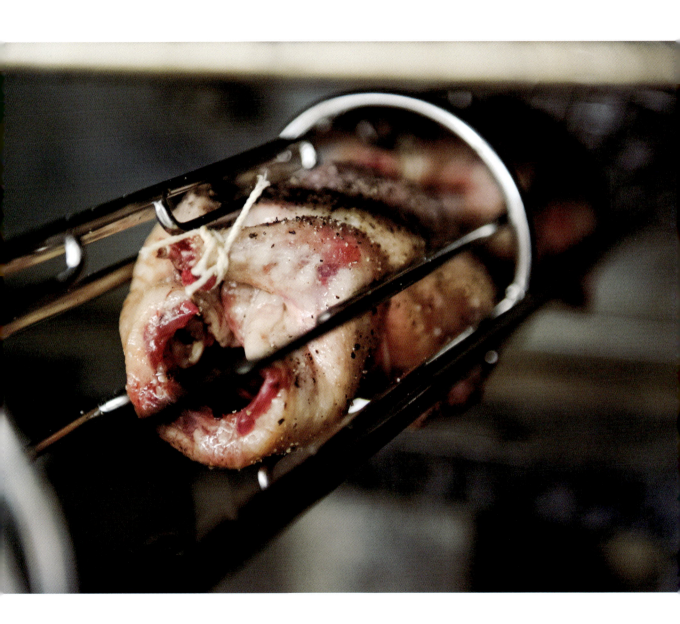

鴨を巻いて焼くふたつのロートロ

ロートロの魅力は筒状に形作ることで均一に火が通ることです。
ジューシーにやわらかく仕上げるために、鴨については身を保護するように
皮で包む方法と、肉を薄く叩いて巻く方法を取り入れています。

皮で包む方法

Metodo やわらかな仕上がりを求め、ロートロについては試行錯誤を繰り返しています。鴨についてはまずは皮で身を包む方法を定番化しました。これは1羽をさばく際、ムネ肉を包み込めるくらいの大きさを意識してまわりの皮を残して切り取り、その皮で身を包んで焼きます。皮が保護するので高熱が身に直接あたらず、蒸し焼きのように熱がまわりこみながら火が通っていきます。蒸発を防ぎ、皮の脂も適度に身にしみ込むのでジューシーでふんわりと仕上がります。

【巻き方】鴨1羽からムネ肉を切り取る際、ムネ肉に付いている首皮とムネ側、手羽側の皮を切り離さないように大きめに切る（写真①）。皮面を上にし、切り込みを入れる（写真②）。皮で身を包み込み（写真③④）、成形しながらひもで縛る（写真⑤）。

薄く叩いて巻く方法

Metodo 肉の塊をパクッとほおばる豪快な感覚を大事にしたい、でも噛まなくてもいいくらいにやわらかく食べてもらいたいという思いから考えた方法です。肉をやわらかくするには「繊維を切ること」が一番の近道。鴨を2〜3mm幅の薄切りにし、さらに叩いて薄い板状に形作ったものを棒状に丸めます。形状も肉質も安定することも大きなメリットです。一見、円柱の塊肉に見えますが、繊維は長くても3mmなので当然、やわらかいというわけです。

【巻き方】鴨ムネ肉の皮やスジを取り除き（写真①）、斜め2〜3mm幅に切って肉の繊維を短く断つ（写真②）。ラップ紙にはさみ、肉叩き（平型、凸凹のないもの）で軽く叩く（写真③）。この薄い肉をラップ紙の上に端が重なるように並べて1枚のシート状にし（写真④）、ラップ紙をかぶせて肉叩きでさらに軽く叩く（写真⑤）。かぶせたラップ紙を取り、端から筒状にきっちりと巻いて形作る（写真⑥⑦）。冷蔵庫で2時間冷やす。写真⑧はでき上がり。

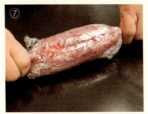 

山根イズムとは何か。
それはどんな店でもその店のスタイルにあった
「究極を求めること」「納得するまで突き詰めること」
「ひとの真似はしないこと」そして
「ロジカルに考えること」。

皮で包んだ河内鴨の
ロートロの炭火ロースト、
紅くるり大根の含め煮と焼き万願寺、
オレンジ風味の鴨のジュと
実山椒を添えて

*Arrosto d'anatra alla brace avvolto nella sua pelle con sugo d'anatra
all'arancia e pepe giapponese*

「肉の塊をやわらかくてジューシーに」をテーマに考えた「ポンテベッキオ」版ロートロの初期のひと皿。**皮で身を包んでいるので炭火の熱が身にやさしくあたり、**ジューシーに焼き上がります。だしをたっぷり含んだ真っ赤な紅くるり大根を合わせ、鴨との相性が抜群のネギを合わせています。オレンジジャムの酸味と甘味でマイルドに仕上げたソースのアクセントは実山椒。和の風味が万願寺トウガラシとともに全体を調和します。

→ *Ricetta 107*

ロジカルテクニック

I

皮のクロッカンテと
フォワグラのコンフィを添えた
河内鴨のやわらかロートロ

*Rotolo d'anatra leggermente cotto con la sua pelle croccante
e fegato grosso confit*

　「ロートロ」の別バージョンは肉を薄切りにしてロール状にしたものです。肉の繊維はどんなに長くても3mm。そのため塊肉ながら炭火でやわらかく焼き上がります。この皿のもうひとつの大きなテーマは鴨の皮もおいしく食べてもらうこと。皮と身を分け、まずは皮だけをオイルで火を通してトロトロにしてから時間をかけながらオーブンでじっくりと自身の脂で焼き上げます。ジューシーでやわらかな肉とサクサクの皮との一体感が印象的です。

→ *Ricetta 107*

低温でオイルインオイル

袋の中にオイルと素材を入れて、そのまま袋ごと
低温の油でコンフィにする調理法は、ゆるやかに
しっとりと火が入るので白身の肉や魚にむいています。

Metodo 鳥肉の加熱にはオイルを媒体としたコンフィを多用します。一般的にコンフィというと、80℃台の温度を保った油脂に素材をそのまま浸けて火を通していきますが、「ポンテベッキオ」では袋の中に素材と油脂を入れて空気を抜き、袋のまま油脂に浸ける"オイルインオイル"によって低温でゆるやかに火を入れていく方法も取り入れています。一般的なコンフィは鴨肉など赤身系の鳥肉に、オイルインオイルのコンフィは鶏肉やホロホロ鳥などの白身系の肉や、フグやアンコウなどの弾力のある白身の魚に用います。袋の中に油脂を入れる方法は、素材から蒸発する水分を抑えてしっとりと仕上げることができるほか、油脂だけではなくハーブやスパイスを一緒に入れて素材に香りを付けられることも大きな魅力です。

バターの中でじっくりと加熱した
石黒農園のホロホロ鳥と
ホワイトアスパラガスのフリカッセア、
スプニョーラ添え

*Petto di faraona cotto a bassa temperatura
inbagnato al burro con asparagi bianchi e spugnola*

　高熱によってキュッと肉を締めるのではなく、**低温のバターにゆったりと"浸かっている"状態で加熱したホロホロ鳥**はやわらかく、しっとりとした仕上がりです。肉に焦げ目が付かないのでこうした白い煮込みにはぴったり。添えてあるホワイトアスパラガスのほか、バターをきかせたソースにもホワイトアスパラガスを溶かし込み、とことん白！ でまとめています。スプニョーラ (モリーユ茸) を添えて。

→ *Ricetta p.108*

タケノコと鴨モモ肉のコンフィのタリオリーニ、木の芽ジェノベーゼ

Tagliolini all'anatra cofit e germoglio di bambù con pesto di foglioline di pepe giapponese

鴨肉のコンフィは85℃のオイルで4時間。こうした長時間の加熱によってコラーゲンが溶け、鴨肉に独特の食感が生まれます。ほぐれやすくなった鴨肉はほぐしてタリオリーニにザクザクッとからめます。タケノコ料理というと、その歯ごたえを生かすためにゴロゴロッと切ったものをよく見かけますが、ここではパスタと一体化しやすいようにあえて薄切りにしています。これをブロードで含め煮に。タケノコが水分とうま味のカプセルとなり、一見、水気のないパスタですが、ジューシーに召し上がっていただけます。タリオリーニは卵黄が多いタイプのモッチリとして、それでいて弾力が強すぎないパスタです。タケノコと相性のよい木の芽のペーストとともにパスタとソース、具がよくからみ合います。日本の春をいっぱいに感じていただけるひと皿です。

→ *Ricetta p.108*

やわらかい熱のあたり

肉や魚に紙を何重にも巻いた紙巻き焼きは
熱が直接あたらず、紙を通して素材にゆっくり熱が入っていくので
やわらかくジューシーに仕上がります。

Metodo 「塩窯焼き」や「パイ包み焼き」のように、塩やパイで素材を包んだ蒸し焼きを小さなポーションでも手軽にできるように考えた調理法です。クッキングシートを何重にも巻き、フライパンやオーブンで熱を入れていきます。素材へのダメージが少ないほか、何重にも巻くことで紙と紙の間に空気の層ができて間接的にやわらかく熱が入っていくため、素材のうま味を閉じ込めながらやわらかくしっとりと仕上がります。水蒸気が抜けるタイプのシートを使っているので、余分な水分も抜けます。スズキやカレイ、ひな鶏のような淡白な素材によく用いますが、牛肉などの赤身もやわらかくなります。火を通す直前までの仕込みができ、宴会などの大量調理でも使えます。

【巻き方】素材をクッキングシートの手前に置く（写真①）。手前から巻いていく。これを繰り返し、三重にする（写真②）。両端をひもで縛る（写真③）。

目板カレイとウニの紙巻き焼き、緑の豆と焦がしバター

Ricci di mare avvolto in filétto di limanda cotti nella carta con pesto di piselli e burro nocciola

ウニをなるべく生に近い状態で食べてもらいたいと、まずはカレイで包みました。**カレイで包まれ、さらにクッキングシートで三重にも巻かれて**熱から保護されたウニは、火が入っても煮崩れてトロトロになりません。同時に、ウニらしい風味がカレイにもほどよく移ります。香ばしさが欲しいので仕上げはバターでソテーして。カレイの皮のゼラチン質が溶けたネチッとまとわりつくようなテクスチャーもウニとマッチします。

→ *Ricetta p.109*

塊なのにやわらかい

肉を塊ごとほおばってもやわらかく食べてもらえるように
ロートロと同様、繊維を切るという発想で
キューブ状の肉に縦横と格子に切れ目を入れます。

Metodo 肉は塊で食べるのがおいしいのですが、霜降り肉以外は焼くと少々硬くなってしまうのが難点。その硬さがおいしいともいえますが、個人的には「やわらかくてジューシー」がおいしい肉の条件だと思っています。肉の硬さを決めるのは肉の繊維の長さです。長いと、噛み切らなければならないので硬く感じます。やわらかくてジューシーに仕上げたい肉の調理は「あらかじめ肉の繊維を切る」ことが鉄則といえます。これは10ページの「ロートロ」と同じ考え方です。ただ、切れ目を入れることで肉内での熱の伝わり方が変わり、ドリップも出やすくなります。ひもで縛ってなるべく密になるように成形し、ドリップが出ないように焼いては休ませ、を繰り返しながら火を入れます。

【切り方】キューブ状に切った肉に、下まで切り落とさないように3mm幅の切れ目を入れる（写真①）。先の切れ目と直角になるように同様の切れ目を入れる（写真②③）。

豚のコントルフィレの格子切り
サンジョベーゼ付け焼き、
白アズキとソラマメのズッパと
フォワグラを添えて

*Contre-filet di maiale alla brace in salsa al sangiovese
con zuppa di legumi e fegato grasso*

　イタリアを代表するブドウ品種、サンジョベーゼを主体にした赤ワインを浸け
ダレにたっぷり用い、**格子切りにして繊維を切った豚肉に塗り付け
ながらじっくりと焼きました。**サンジョベーゼといえばトスカーナ、トスカーナと
いえば名産は豆。そんなイメージから付け合せにも豆のピュレやソラマメをたっぷり添えて
います。フォワグラを添えてリッチ感もプラス。ワインによく合うひと皿です。

→ *Ricetta p.109*

じっくりと5回焼いた格子切りオリーブ牛、たっぷりのアスパラ・ソバージュ添え

Manzo intacco alla grata alla brace riposato quattro volte in cottuna

　　　　　　　　　格子切りが生まれたのは「ポンテベッキオ」が10年目を迎えた頃。それまで使っていた霜降り肉を赤身肉に切り替え、短角牛を使い始めてからです。短角牛は赤身で、霜降り肉よりは焼くと硬くなってしまいます。**牛肉を塊でほおばってもらいたい、でもやわらかく仕上げたい、**そんな理想に応えてくれるのが肉の繊維を切る格子切りです。格子切りしたキューブ状の肉を火力を弱めにした炭火で六面をまんべんなく焼いては休ませを繰り返し、ドリップの流出を防ぎながらジューシーに焼き上げます。ナッツソースが香ばしいアクセントになっています。

→ *Ricetta p.109*

トロトロで煮込む

「おかゆで炊いたサツマイモはうまい」の理論で
濃度のある液体で素材を煮込むと
経験上、うま味も水分も抜けにくいと考えています。

Metodo ブロードをとる時のように肉や魚を水で煮込むと、肉や魚のうま味成分が水のほうに出て、肉や魚がカスカスになることは誰しも経験されているでしょう。肉や魚の細胞が抱えている成分が水よりも濃いわけですから、浸透という現象で水との濃度を一緒にしようとして、肉や魚からうま味成分がどんどん出ていってしまうからです。その逆を考えたのが、濃度の濃い液体で煮込むことです。実際にいろいろ試してみた結果、あらかじめドロドロの濃い液体に入れると、肉や魚が持つうま味成分は出ず、その代わりにまわりの香味野菜やワインなどの香りやうま味の成分が入っていくように思います。おかゆで炊いたサツマイモはうまい。その感覚で、リゾットの具もリゾットの中で一緒に煮込みます。さらにタケノコの下処理も、ドロドロの糠でタケノコをゆでています。こうするとアクだけ上手に抜けるように感じます。

ロジカルテクニック

やわらかダコのクリーミーリゾット、
皮と吸盤のトロッとしたソース
フキノトウ風味

Risotto cremoso al polpo con salsa alla sua pelle e fiori di farfaraccio

繊維を断つように叩いてきざんだ**タコの頭と皮は吸盤と一緒に煮てソースとして使います**。足の部分は身を叩いてサッと火を入れます。やわらかく煮込んだタコの皮と吸盤のソースを合わせることでタコ丸ごとのおいしさを味わえる仕掛けです。ソースにはフキノトウを加え、春らしい苦味が味に奥行を出しています。

→ *Ricetta p.110*

アコウと蒸しアワビのとろとろブロデット、
ホウレン草のソテーとアイオリソース添え

Brodetto con cernia e abalone con salsa aioli e spinaci

　中国料理でポピュラーな「フカヒレとアワビの煮込み」をイメージした濃厚なひと皿です。**煮込みのベースはトロトロのズッパ・ディ・ペッシェ（魚のスープ）。**カサゴやホウボウなど数種類の魚を鶏のブロードとトマトで煮込み、サフランやペルノーをきかせた濃いスープです。これにアコウ（キジハタ）とやわらかく仕上げたアワビを入れて、うま味を逃さず、逆にズッパの風味をアコウとアワビに含ませるように煮込みました。下ごしらえにおけるアワビの加熱は「圧力鍋で30分間」がやわらかく仕上がり、理想の火入れです。仕上げに加えたイタリアンパセリのソースが濃厚な味わいの中に爽やかなアクセントを添えています。

→ *Ricetta p.110*

ロースターとジラロースト

空中に浮いているような状態で、肉の表面をまんべんなく
炭火焼きしたいという発想から生まれた山根流「ジラロースト」。
肉の表面を傷付けず、放射熱だけでじっくり焼き上げます。

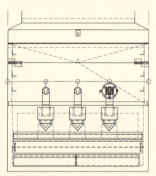

厨房業者(株式会社ぞう屋)と相談しながら作り上げた本店の炭のロースター。三角柱の部分は油脂の受け皿的な役割。その両脇にある台形の台が炭床。受け皿が炭床の間にあるので油脂が炭の上に落ちず、炎を上げずに焼ける。

Metodo 炭火焼きは「ポンテベッキオ」のオープン当時からずっと試行錯誤しながら取り組んでいる調理法です。最初は、良質な素材は炭で焼くだけでおいしいから、という単純な理由からだったのですが、だんだん「そもそも炭火で焼くとなぜおいしいのだろう?」と思うようになり、炭火焼きについて一から考え、調べるようになりました。炭火焼きは遠赤外線ばかりがクローズアップされていますが、それよりも放射熱による効率的な加熱

ロジカルテクニック

が特徴的であることを知りました。また、炭の香りについては、本当に炭だけの香りなのか？ 油脂が落ちて出たススではないのか？ と考え、だとしたら、そうした油脂由来の香りなどが付かないような、炭火ならではの加熱の特徴を最大限に生かした炭焼き台つまりロースターを作りたいと思いました。以来、新しい店を作る度に、厨房業者と相談しながらその店にあったオリジナルのロースターを作っています。左写真は現在の「ポンテベッキオ」本店のロースターです。このロースターで、やはりオリジナルで作った道具を使って「ジラロースト」を焼きます。この「ジラロースト」のイメージは「空中に浮いている状態で肉や魚を回転させながらローストすること」。肉を傷付けずに筒状の道具で固定し、回転させながら炭からの放射熱だけでじっくりと加熱することができます。炭から離れているので余分なススも付くことはありません。

河内鴨の丸焼きジラロースト、焼き長ネギ添え

Arrosto d'anatra alla brace e porri

ジラローストの魅力は塊肉を宙に浮かせながら焼くのでジューシーにやわらかく仕上がること。肉に傷を付けず、高熱が直接肉にあたることもなく焼けるので余分なドリップも出ません。これは大阪のブランド鴨である河内鴨のムネ肉のジラロースト。河内鴨は平飼いされて健康的に育てられ、大きく発達したムネ肉が特徴です。その魅力を引き出すために、炭火でも弱火の遠火でじっくりと時間をかけて回転させながら焼き上げます。皮と身の間がグニョッとした食感にならないように意識しながら皮にはしっかりと焼き目を付け、身はロゼに仕上げます。ソースはシンプルに鴨のガラからとったもの。鴨と相性抜群のネギを添えて。

→ *Ricetta p.111*

料理のキャスティング

皿の上で何と何を合わせるか？
おいしさの核になるキャスティングには
カレーライス的発想が参考になります。

Metodo 舞台や映画における俳優のように、料理における食材や味のキャスティングは重要です。登場するキャストにはすべて役割があり、料理人は監督、演出家として、皿の上のキャスティングを考えます。身近な料理で参考になるのはカレーライスです。白いごはんに濃いカレーを添える。カレーにはさまざまなスパイスやうま味の要素が入っていますが、どれかが突出すると違和感がある味になる。家庭のカレーには具がゴロゴロ見えますが、料理人のカレーは見えても肉くらい。でも複雑な味わいがある。やっぱりカレーはすぐれたソースなのだと感じます。白いごはんに複雑な味わいのソースを合わせる——そうしたカレーライス的発想で、イタリア料理におけるポレンタとそれに合わせる肉のソースのように、プレーンな味わいの素材に濃いソースを合わせ、それでいてバランスがとれるひと皿をめざしています。

カレーライス的なバランスをイメージした「寒ブリと蒸しアワビの肝バター和え、カブのフォンドゥータと葉のソース」(p56)。カブのプレーンな甘味を肝を加えた濃厚なバターソースと調和させます。

ロジカルテクニック

ホワイトアスパラガスの蒸し煮と目板カレイ、濃いズッパ・ディ・ペッシェと

Etuvée d'asparagi bianchi e limanda in zuppa densa di pesce

コンセプトはホワイトアスパラガスをおいしく食べてもらうこと。**カレーライス的な発想で、それに合わせるソースにうま味が濃い魚のスープを**選びました。"炒め倒す"ほど炒めた魚のアラからとったブロードをベースにさらに野菜のうま味が溶け込んだブロードを加え、フェンネルやコリアンダー、コショウなどのスパイスをたっぷり入れています。濃いのだけど生臭くはなく、うま味やスパイスのバランスもとれた良質な魚のソースは、プレーンな甘さのホワイトアスパラガスによく合います。

→ *Ricetta p.111*

昆布水の話

「ポンテベッキオ」では昆布水を多用します。だしとして使うほか、蒸し煮で蓋をする直前に加える、ソースやピュレの濃度をゆるめるなど、水の代わりに使っています。きっかけはフグの料理をしていた時でした。習慣的に昆布を入れてみたところ、味の強さに複雑性を感じ、ブロードが澄みました。それは昆布のグルタミン酸が添加されたからというよりも昆布によってフグの味が引き出されたからだととらえ、さらにブロードがクリアになったことで「補助」としての昆布の可能性を感じました。以来、試行錯誤を繰り返して、熱を加えないで水に長時間浸して作った「昆布水」がベストという結論になりました。目安としては1ℓの水に対して15gの昆布を10時間浸したものを使っています。

昆布そのものも使うことがあります。個性が強い素材の煮込みのほか、ブロードをとる時に加えると、先のフグのように味が引き出され、澄んだブロードがとれます。

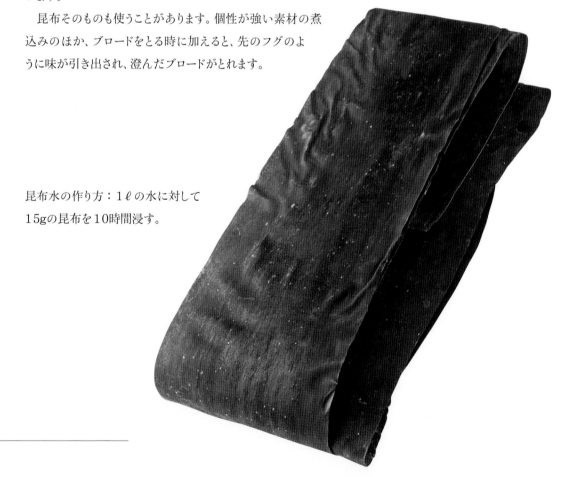

昆布水の作り方：1ℓの水に対して15gの昆布を10時間浸す。

ロジカルテクニック

昆布を使ったブロード

〈アサリのブロード〉

【材料】作りやすい分量
アサリ(砂をはかせてよく洗う) 500g
水 450mℓ
昆布(5cm角) 3枚
白ワイン 45mℓ
イタリアンパセリの茎 10本

【作り方】
鍋にすべての材料を入れて加熱し、沸騰してきたらアクを取り、弱火にして約15分間加熱する。アサリの味が出たらキッチンペーパーをしいたシノワで漉す。

〈鬼エビのブロード〉

【材料】作りやすい分量
鬼エビの殻(ハサミで細かく切る) 5尾分
鶏のブロード(p126) 1.5ℓ
昆布(5cm角) 3枚
白ワイン 200mℓ
エシャロット(2mm厚) 150g
フルーツトマト(皮付きのまま1cm角) 150g
イタリアンパセリの茎 30本
セロリの葉 5枝分
コショウ(ホール) 20粒
ローリエ 2枚
オリーブオイル 45mℓ

【作り方】
1 鍋にオリーブオイルを入れて火にかけ、エシャロットを加えて香りが出るまで炒める。鬼エビの殻を加えてさっと炒め、白ワインを入れてワインのアルコール分を飛ばす。
2 鶏のブロードを加え、沸騰してきたらアクを取ってフルーツトマト、イタリアンパセリの茎、セロリの葉、コショウ、ローリエ、昆布を加えて10分間煮てシノワで漉す。

〈ホロホロ鳥のブロード〉

【材料】作りやすい分量
ホロホロ鳥の骨や端肉(3cm幅) 2kg
鶏のブロード(p126) 2.5ℓ
昆布(10cm角) 2枚
タマネギ(5mm厚) 100g
ニンジン(3mm厚) 60g
セロリ(3mm厚) 60g
イタリアンパセリの茎 15本
コショウ(ホール) 30粒
ローリエ 2枚

【作り方】
1 鍋に鶏のブロードとホロホロ鳥の骨や端肉を入れて火にかける。沸騰してきたらアクをていねいに取り除き、すべての材料を鍋に加える。
2 弱い沸騰状態にして約1時間30分間煮る。シノワで漉す。

〈河内鴨のブロード〉

【材料】作りやすい分量
河内鴨の骨、皮、スジ(骨に付いている血を洗い流す) 1羽分
鶏ブロード(p126) 2ℓ
昆布(5cm角) 2枚
長ネギの葉(3cm幅) 3本
イタリアンパセリの茎 10本
コショウ(ホール) 20粒
ローリエ 1枚

【作り方】
1 鍋に河内鴨の骨と皮、スジ、鶏のブロードを入れて火にかけ、沸騰してきたらアクをていねいに取り除く。
2 長ネギの葉とイタリアンパセリの茎、コショウ、ローリエ、昆布を加え弱火で2時間煮る。途中、昆布が煮溶けそうになったら取り出す。シノワで漉す。

ロジカルテクニック

塩漬け熟成でうま味

塩をまぶした食材を真空パックにして冷蔵庫に入れ、
熟成によって引き出されたうま味を生かします。

Metodo 今さらいうまでもないことですが、塩はなくてはならない調味料です。味付けはもちろん、さまざまな調理特性を持っています。その中のひとつに保存性がありますが、漬物や発酵食品に欠かせない塩は、単に保存性を高めるだけではなく、うま味を引き出すという役割があります。たとえば塩辛は魚介類に塩を入れてしばらくおくことで腐敗を防ぎながら熟成させることができ、塩によって細胞膜が壊されて外の味がしみ込みやすくなってうま味が増します。その考え方で、魚介類や肉に塩をまぶし、真空パックにしてしばらくおくことを「塩漬け熟成」と呼んでいます。うま味をプラスするのではなく、食材自身のうま味を引き出すことが大きなポイント。塩漬け熟成させた食材はパスタにからめるなどシンプルな料理に仕上げます。

（写真上）カキに塩と昆布を合わせ（目安としてはカキの身200gに塩4g、昆布3cm角）、真空パックにしてから冷蔵庫に約3日間おいた「塩漬けカキ」。カキの強すぎる個性もやわらぎます。熱々のパスタにからめて。（写真下）サルシッチャ（p48）に使う豚肉も重量の1.3％の塩をまぶして真空パックにしてから冷蔵庫に1週間おいて熟成させます。

塩漬けしたワタリガニのスパゲッティ、
アーリオ・オーリオ・エ・ペペロンチーノ

Spagetti aglio, olio e peperoncino con granchio sotto sale

イメージは塩辛。ワタリガニの身と内臓に**塩と昆布をまぶし、真空パックにしてから冷蔵庫で3日間熟成**させました。複雑なうま味が引き出されたワタリガニをゆでたてのパスタにからめるだけ。イタリアンパセリのほかパクチーもからめてアジアンテイストに仕上げました。

→ *Ricetta p.112*

II

リストランテ・スタイル
Stile come da "Ristorante"

リストランテ・スタイル II

リストランテとしてのプライド

究極のおいしさをめざしたい——ベタですが、本音です。リストランテをやっている以上、いつもそう思っています。日常の料理ではなく、ハレで最高級の料理を出すことが「リストランテ」の目的です。ただ究極とは主観であり、概念ですから「何が究極か?」と問われても具体的なことを示すことはむずかしい。でも、自分が納得した味や食感に仕上げ、究極だと感じさえすれば、それは究極なのだと思います。そのことを納得するために日々考え、模索します。そしてひと皿が完成した時、そこにクリエイティブを表現していればしているほど、評価をいただくまではとても不安になります。でも考え抜いて作り上げた自分なりの究極の一品に、お客さまが共鳴し、おいしいと感じていただければ最高にうれしい。それがリストランテのシェフとしての大きな喜びです。そしてまた次の究極の料理を求めて考え、模索するのです。

究極という理想があれば、から揚げでも、ソーセージでも、あるいは付け合せ的な野菜でも、リストランテのひと皿として十分に通用する料理になります。そのためにはおいしいと思う料理や食材をまずは知り、理解し、なぜおいしいのかを分解してみて、ベストなおいしさを再構築してみることです。論理的な発想や組み立てができれば、和の食材でも、中国料理をヒントにしても、リストランテのイタリア料理に昇華できるのだと思います。

もちろん最低限のルールはあります。たとえば強くナショナリズムを感じさせる調味料は使いません。和なら醤油や味噌、中国料理なら豆板醤のような風味は、リストランテならではの非現実的な空気感を消し去り、現実的な味や身近な料理の記憶を呼び覚ましてしまうからです。創造するためには意表を突くことも大切ですが、リストランテにとってイタリア料理への着地力はもっとも大切にしたい力でありプライドです。

野菜への最適調理は色を生かし
凝縮感を出すこと。
そして香りを残すこと。

野菜にはたくさんの繊維と水分が含まれています。仕上げたいイメージによって、時に丸のまま調理しますし、繊維を切ったり、水分を抜いたりすることもあります。

野菜の色や味、香りのみをストレートに生かしたい時は、繊維を切る。つまり、58ページのようにピュレやパウダーにしてひと皿に添えます。よく使うのはブロッコリーや芽キャベツ、菜の花など。これらはほんのりとした苦味を持つので、肉や魚に添えると味に奥行と余韻が出ます。ウスイエンドウのパウダーといった鮮やかな緑色は、リストランテらしい華やかさを加えたい時に効果的です。

タケノコやアスパラガス、夏野菜など季節感のある野菜は丸のまま調理して、付け合せとしてだけではなく、ひと皿の主役として登場させることもあります。野菜は肉や魚ほどはっきりしたうま味を持ちませんが、繊細で個性的

な味わいがあります。それを引き出すように、丸のまま蒸したり、昆布水を加えて蒸し煮にしたりします。また、水ナスなどは油でサッと揚げて軽く火を通し、皮の部分を食べやすい食感にします。

野菜はどうしても淡白になりがちですから、チーズやバターソース、生ハムなど濃厚なものや、トリュフなどリッチな食材と合わせ、リストランテの野菜料理として印象的なひと皿に仕上げます。

リストランテ・スタイル

少量の昆布水でじっくり蒸し煮した
グリーンアスパラガス、
チーズフォンデュと焦がしバター添え

*Etuvée d'asparagi cotti nel brodo di "KOMBU"
con fonduta e burro nocciola*

グリーンアスパラガスはよく使う野菜のひとつ。高温で加熱するとグリーンアスパラガスならではの繊細な風味や水分が出てしまうと考え、少量の昆布水を加え、**独特の風味と水分を閉じ込めるように蒸し煮にします**。合わせる素材はバターとチーズ。クリーミーで濃厚な味がほくほくした食感と独特なうま味とマッチし、シンプルながら存在感のあるひと皿です。

→ *Ricetta p.112*

リストランテ・スタイル

II

Insalata di "MIZUNASU" all'italiana

水ナスの魅力はジューシーさですが皮が口に残ります。**食べやすい食感にするために、油で皮のみを短時間で揚げます。**トマト、ケイパー、オリーブ、アンチョビー、バジリコなどいろいろなうま味成分が混ざった香り豊かなソースをかけ、まるで水ナスステーキのようなボリューム感のあるリッチなサラダにまとめています。

皮だけ加熱した水ナスのマリネ、イタリアンなサラダ仕立て

→ *Ricetta p.112*

ソーセージをリストランテらしい
ひと皿にするために、
すべてにとことんこだわって。

　サルシッチャ（ソーセージ）は思い入れのある一品です。「ポンテベッキオ」のオープン当初、初めてスペシャリテといえるものを作ったのが「ウズラと自家製サルシッチャの炭火焼き」でした。当時はまだトラットリアといえるほどではないけれどカジュアルな雰囲気を持つレストランだったので、そうしたメニューが登場しても違和感はありませんでした。でも、「ポンテベッキオ」のスタイルが高級路線のリストランテにシフトしていった時、これまでのサルシッチャではリストランテの雰囲気と合わなくなってきました。でも、サルシッチャは老若男女問わず愛される料理で、それだけ魅力があるということ。そんな料理をメニューからはずすのはもったいなく、ならばリストランテにふさわしいサルシッチャを作ればいい、そんな発想で「究極」をめざしました。「何が究極か？」と聞かれたら「すべて」と答えられます。だから、リストランテでも堂々と出せる一品です。

サルシッチャ

【材料】作りやすい分量
豚首肉（赤身のみ）3kg　　豚バラ肉 35kg
豚肩ロース肉 15kg　　豚脂身 500g
コショウ 20g　　キャラウェイ 4g
ナッツメグ 8g　　カイエンヌペッパー 4g
パプリカ 6g　　ローズマリー（細かくきざむ）15g
セージ（細かくきざむ）30g　　ニンニク（すりおろす）20g
赤ワイン 300㎖　　鶏のブロード（p126）300㎖
豚腸（水に浸けておく）6m

【作り方】
1 豚の首肉、バラ肉、肩ロース肉、脂身に、重量に対して1.3％の塩（分量外）と0.1％の硝酸塩（分量外）をまぶしてそれぞれ真空パックにかけ、冷蔵庫に1週間おく。
2 各部位を冷凍庫に入れ、凍る手前まで冷やす。首肉をミンサーにかけ、フードプロセッサーにかけて肉ペーストを作る。バラ肉、肩ロース肉、脂身をスライサーで5mm厚に切り、合わせてミンサーにかけて直径6.4mmの挽き肉にする。ボウルに挽き肉、肉ペースト、そのほかの材料をすべて入れ、手で均一に混ぜ合わせる。つぶさないように、こねすぎないようにしてファルス（詰め物）を作る。豚腸にファルスをゆっくりと詰める。空気が入ったら針で刺して空気を抜く。140gずつくらいにまとめ、腸をよじってサルシッチャの形にととのえる。冷風をあてながら2～3日間乾かす。

究極のサルシッチャ

Salsiccia ultima di maiale

健康に育てられた良質の豚を使い、部位、脂の量、配合、口当たりを考えた切り方など、**サルシッチャ作りで考えられるすべての工程にベストを尽くしました。**だから、究極。ジューシーに仕上げるために、つなぎには生肉のペーストを使用。冷蔵庫で乾燥させ、適度になじませて凝縮させたものをフライパンとオーブンでこんがりと焼き色を付けました。付け合せにはソラマメのピュレを。弾むような食感と溢れ出す肉汁が食欲を刺激します。

→ *Ricetta p.113*

「なんとなく」で逃げたくはない。
常に「なぜか?」を考えていたい。
その結果生まれるアイデンティティ、
オリジナリティのあるひと皿を
味わってもらいたい。

鬼エビとハタのスカロッパのさっと焼き、
たっぷりのレモンバターソースで

Scaloppa di cernia e scampi con salsa al burro e limone

　　　鬼エビやハタのように身の厚い魚介類はたいてい、その厚みを存分に味わってもらうように、ソテーや炭火焼きでそのままふっくらと焼かれることが多いように思います。でも、そういう魚介類は**身を叩いて薄くして焼いてもおいしい**。逆に厚いものを薄くするわけですから、凝縮感も出るはずです。せっかくの厚い身がもったいないといわれそうですが、リストランテですから普通ではやらないことをあえてやってみたい。そして案の定、おいしかったという料理です。ペンペンッと手早く焼けるので「ペンペン焼き」とも呼ぶ楽しい一品です。

Piccata di pollastra su zabaione al purè di porri e finochi con agretti e mais

「から揚げ」という人気のおかずをリストランテスタイルに仕上げたらどうなるか？ そんな遊び心から生まれました。理想の仕上がりは衣サクサク肉ジューシー。やわらかいひな鶏を使い、牛乳、ハーブでマリネしてからオリーブオイルを使って低温でじっくりと二度揚げにします。ウイキョウとネギのピュレを加えた軽やかなソースを合わせ、イタリアのアグレッティ（おかひじき）を添えてトウモロコシの食感をアクセントに。手間暇をかけ、から揚げのおいしさを複雑に再構築した独創的な一品です。

ひな鶏のピッカータ風から揚げ、ウイキョウとネギのザバイオーネ、アグレッティとコーン添え

→ *Ricetta p.113*

リストランテ・スタイル

素材に向き合った料理を求めれば
地元の素材が自然に寄り添う。それが
イタリア料理の精神。だから日本の素材も使う。

　イタリア料理の修業を始めた1980年代、イタリア料理というと本場イタリアそのままを「再現」することが大切でした。食材もイタリア産が望ましく、日本のとれたてのタケノコよりも遠くから運ばれてくるアーティチョークを使いなさい、そんな時代でした。今思えば当時の日本のイタリア料理はあまりにも混沌としていたので、徹底した本場の教育が必要だったのでしょう。そしてそんな時代があったから日本でイタリア料理が理解され、こんなに支持されるようになったと理解しています。

　ただ私はずっと、料理人なのだからイタリアや日本に関係なく、旬の素材を大切にし、素材を中心にした料理を作りたいと思っていました。イタリアに行ってからますますその気持ちは強くなったほどです。なぜならイタリア料理の精神は郷土を大切にし、素材の持ち味を生かすことですから。さらにリストランテならば、そこにシェフのパーソナリティやアイデンティティが求められます。私にとってのそれは、本当に自分がおいしいと思う食材を、最適な調理法で食べてもらうこと。そしてそうした最適調理がなされた料理を2～3種類、バランスをとりながらひと皿に盛り込むことです。最高に良質な食材を求めた時、地元の市場にそれがある。だから使う。それだけのことです。イタリア、日本に関係なく、料理人の姿勢としては当たり前でしょう。ただイタリアで修業し、長くイタリア料理に触れているので、意識はしていないけれど、イタリア人的な感覚はあると思います。たとえばこのパスタにはペコリーノチーズが合うといったような組み合わせが理屈抜きにひらめきます。イタリア料理という認識を反射的に表現できる感覚があれば、いかにも日本的な食材でも、イタリア料理に昇華できると考えています。それでも迷ったら「イタリアにあったら使うかどうか?」で判断します。ちなみに私がよく使うスダチ。イタリアにあったら……イタリア人は絶対に使います。

寒ブリと蒸しアワビの肝バター和え、カブのフォンドゥータと葉のソース

Abalone al vapore e seriola in umido al profumo di "YUZU" su fonduta di rapa

　火入れがむずかしいブリをしっとりと焼き上げ、アワビ、その肝とともに濃厚なバターのソースでまとめました。アワビは圧力鍋で30分間の加熱でやわらかく。主役となるふたつの魚介に目が行きがちですが、ここでの大きなポイントはカブです。**淡白ながら味のあるカブが、濃くなりがちなひと皿のバランスを保っています。**これは34ページでご紹介したカレーライス的発想から生まれた料理。濃いけれど、どこかすっきりした余韻が残ります。

→ *Ricetta p.114*

アユのコンフィの熱々と
瓜科のマチェドニア、
メロンのソルベット添え

Trota "AYU" confit su macedonia di verdure cucurbitacee con sorbetto di melone

アユは日本の初夏の風物詩。**塩焼きを頭からほおばるおいしさは格別なもの。**そのイメージで**アユを低温のコンフィ**にし、骨までやわらかく加熱しました。青瓜のマチェドニアとメロンのソルベット（シャーベット）を添え、全体を爽やかにまとめています。熱々のコンフィと冷たいソルベットとの温度差も楽しめるひと皿です。

→ *Ricetta p.114*

トマトヴィネガー風味の
タケノコマリネとタイラ貝、
木の芽添え

Germoglio di bambù marinato all' aceto di pomodoro con cozza pinna e foglioline di pepe giapponese

タケノコは大好きな食材のひとつ。でもタケノコ料理というと日本らしい食材だからか、日本人には醤油で味付けをするという固定概念があります。そこを打ち崩そうと、**まったく想像できないような味**に仕上げたいと思いました。**それが、酸味です。**薄くスライスしてうま味を含ませるようにマリネし、トマトヴィネガー、ヨーグルトをかけました。

→ *Ricetta p.115*

最適調理のひとつとしての
ピュレ、パウダー

　野菜は主役にもなりますが、リストランテでは付け合せとしての大きな役割を果たしています。野菜が持つ淡白な味わいは合わせる食材を引き立てますし、ヘルシーなイメージも出せる。何より、野菜ならではのさまざまな色はひと皿を美しく見せます。ただ、たとえ付け合せにしても皿の上にのるのですから、単に添え物にはしたくない。最適に調理された野菜料理のひとつとして皿の上に盛り付けます。

　私にとって野菜の最適調理とは、鮮やかな色を出すこと、そして野菜が持つ繊維質を切ることです。その理想にふさわしい料理法として加熱した野菜をピュレやパウダーにして多用します。ブロッコリー、ホワイトアスパラガスはよくピュレにしますが、ウスイエンドウはピュレにもパウダーにもなって大活躍です。

　また、野菜のピュレやパウダーは色を添えるだけではなく、野菜独特の香りや甘味を持ったソースとしての役割を果たします。野菜を合わせるかそうではないかで、ひと皿の印象は大きく変わってくるほど大切な存在です。

〈ウスイエンドウのパウダー〉

【材料】作りやすい分量
ウスイエンドウ（実のみ）500g
オリーブオイル　15ml
塩　少量

【作り方】
1 ウスイエンドウに塩、オリーブオイルをふりかけてよく混ぜ合わせる。
2 耐熱皿にオーブンペーパーを敷き、均等に加熱されるよう、なるべく広げながら1をのせる。電子レンジ強（1400w）で約2分間、反転してさらに約2分間加熱する。
3 粗熱がとれたら、フードプロセッサーで細かくして、粗い目のザルで漉す。

〈ホワイトアスパラガスの
　ピュレ〉

【材料】作りやすい分量
ホワイトアスパラガス（下の硬い部分を薄く切ったもの）200g
昆布水(p36) 80ml
塩　少量　オリーブオイル　15ml

【作り方】
1 フライパンにオリーブオイルとホワイトアスパラガスを入れて火にかけ、塩をしてさっと炒める。フライパンが熱くなったら昆布水を加え、蓋をして蒸し煮する。ホワイトアスパラガスがやわらかくなったらブレンダーでつぶし、細かい目のタミで裏漉す。
2 フッ素樹脂加工のフライパンにオ

リーブオイルを適量（分量外）入れて火にかけ、1を加えて炒めるように加熱して余分な水分を飛ばす。

〈ウスイエンドウのピュレ〉

【材料】作りやすい分量
ウスイエンドウ（実のみ）300g
ウスイエンドウのブロード(p126)
　　適量　塩 適量

【作り方】
1 鍋にウスイエンドウを入れ、実が浸かるギリギリの量のウスイエンドウのブロードを加え、沸騰したら、アクをすくいながら約5分間ゆでる。ゆで上がったらブロードごと急冷する。しっかり冷えたら漉して実とブロードに分ける。このブロードを豆ブロードとする。
2 実をフードプロセッサーに入れ、少量の豆ブロードと塩を加えてペースト状になるまでしっかりつぶして細かい目のタミで裏漉す。

〈ソラマメのピュレ〉

【材料】作りやすい分量
乾燥ソラマメ（水でもどす）150g
昆布水(p36) 1ℓ　塩 少量

【作り方】
鍋にソラマメと昆布水、塩を入れて火にかけ、沸騰してきたらアクをていねいに取り除きながら30分間煮る。残った水分ごとフードプロセッサーにかけ、細かい目のタミで裏漉して急冷する。

〈エシャロットのピュレ〉

【材料】作りやすい分量
エシャロット（2mm幅）300g
昆布水(p36) 80㎖
オリーブオイル 15㎖　塩 少量

【作り方】
フライパンにオリーブオイルとエシャロットを入れて火にかけ、塩をしてさっと炒める。フライパンが熱くなったら昆布水を加え、蓋をして蒸し煮する。エシャロットがやわらかくなったらブレンダーでつぶし、細かい目のタミで裏漉して急冷する。

〈カブのピュレ〉

【材料】作りやすい分量
カブの皮（粗くきざむ）100g
オリーブオイル 30㎖
昆布水 80㎖　塩 適量

【作り方】
鍋にカブの皮、オリーブオイルを入れて火にかけ、塩をしてさっと炒める。鍋が熱くなったら昆布水を加え、蓋をして蒸し煮する。カブの皮がやわらかくなったらブレンダーでつぶし、細かい目のタミで裏漉して急冷する。

〈カブの葉のピュレ〉

【材料】作りやすい分量
カブの葉（葉の繊維を断つようにできるだけ細かくきざむ）250g
昆布水(p36) 150㎖　塩 適量
オリーブオイル 30㎖

【作り方】
フライパンにオリーブオイルとカブの葉を入れて火にかけ、塩をしてさっと炒める。フライパンが熱くなったら昆布水を加え、蓋をして蒸し煮する。カブの葉がやわらかくなったらブレンダーでつぶし、細かい目のタミで裏漉して急冷する。

〈芽キャベツのピュレ〉

【材料】作りやすい分量
芽キャベツ（外側の部分を中心に）200g
昆布水(p36) 80㎖　塩 少量
オリーブオイル 15㎖

【作り方】
1 フライパンにオリーブオイルと芽キャベツを入れて火にかけ、塩をしてさっと炒める。フライパンが熱くなったら昆布水を加え、蓋をして蒸し煮する。芽キャベツがやわらかくなったらブレンダーでつぶし、細かい目のタミで裏漉す。
2 フッ素樹脂加工のフライパンにオリーブオイルを適量（分量外）を入れて火にかけ、1を加えて余分な水分を飛ばす。塩とオリーブオイル（分量外）で味をととのえる。

〈菜の花のピュレ〉

【材料】作りやすい分量
菜の花（粗くみじん切り）200g
オリーブオイル 15㎖
昆布水(p36) 60㎖　塩 少量

【作り方】
1 フライパンにオリーブオイルと菜の花を入れて火にかけ、塩を加えてさっと炒める。フライパンが熱くなったら昆布水を入れて蓋をして蒸し煮する。
2 菜の花がやわらかくなったら蓋をはずして氷せんで冷やして色止めしてからブレンダーにかけ、細かい目のタミで裏漉す。
3 フッ素樹脂加工のフライパンにオリーブオイル（分量外）を入れ、1を加えて火にかけ、余分な水分を飛ばす。

〈アーティチョークのピュレ〉

【材料】作りやすい分量
アーティチョーク 200g
昆布水(p36) 50㎖
白ワイン 適量
オリーブオイル 適量　塩 少量

【作り方】
1 アーティチョークの外側、内側の硬い部分を取り除き、中心部を粗くきざむ。レモン汁（分量外）を入れた水に浸す。鍋にオリーブオイルとアーティチョークを入れて火にかけ、炒める。白ワインと塩を加え、アルコール分を飛ばす。鍋が熱くなったら昆布水を加え、蓋をして蒸し煮する。
2 アーティチョークがやわらかくなったらフードプロセッサーで撹拌してから裏漉す。

ホタルイカと菜の花の冷製カペッリーニ、ユズの風味

Capellini freddi con "HOTARUIKA" e fiori di colza

ホタルイカの魅力は小さな小さなイカ1杯に含まれた**内臓の濃さ**。丸ごとの**素材そのままがソースになります**。プニュプニュッとした肉厚な歯ごたえも楽しく、優秀なトッピング具材でもあります。ホタルイカのソテーを魚醤などと合わせてソースとし、これを容器ごと冷やしながら急冷。そこに極細のカペッリーニを入れてからめます。素麺のように水に浸けて冷やさないので、水っぽくならず、濃厚なホタルイカを存分に味わえます。

→ *Ricetta p.115*

ハモの炭火焼きと揚げ野菜 スダチアンチョビーソース、冷たい夏野菜のクレーマと

"HAMO" alla brace e fritto di verdure estive con crema fredda

　　　　　　　　夏に旬を迎えるハモを夏野菜のクリームと合わせる料理はスペシャリテのひとつです。以前はクリームとハモを直接合わせていましたが、それだとせっかくパリッと焼いたハモがベシャッとなり、ハモもソースも"ぬるく"なってしまう。そのためクリームは別の容器に入れました。揚げた夏野菜をアクセントに添えて。**よく冷やした夏野菜のクリームと熱々のハモとの温度差**も楽しめます。

→ *Ricetta p.116*

"活シラス"と菜の花のオイルスパゲッティ

Spaghetti all'aglio, olio e peperoncino con neonati e fiori di colza

　　　　　　　　冷凍のシラスですが料理名にはあえて「活」としています。シラスは特殊な方法を用いた**急速冷凍にかけ、塩を加えた昆布水で解凍。活きた状態とまったく変わらない状態**です。アンチョビーをきかせた熱々のソースと熱々のスパゲッティにのせて。スパゲッティの熱がシラスにほどよく伝わり、磯の香りも漂います。

→ *Ricetta p.116*

III

スペシャリテ
Le specialità

アイデンティティのあるスペシャリテ

「ポンテベッキオ」では毎年季節ごとに数多くのメニューが生まれ、ファイルには数え切れないほどのレシピが保管されています。スタッフと一緒にああでもない、こうでもないと新しい料理を考えている時は最高に楽しい。そして料理が完成した時は絶対にウケると思っているし、実際お客さまにも喜ばれると幸せな気分になれる。でもその料理が定番になるかどうかはその時点ではわからないものです。これを定番にしようと思って作るのではなく、スペシャリテとは結果的に作り続け、求められて定番化していくケースが多いからです。とはいえ、リストランテというシェフの創造性を発揮する場では、自分がいいと思えば評価にかかわらず、まずは無理にでも作り続けることも大切だと思います。

「ポンテベッキオ」には10年以上作り続けているロングセラーメニューがあります。たとえば、66ページのキャビアとジャガイモ、70ページのスモークしたマグロと卵の組み合わせがそうです。キャビアというリッチ食材とジャガイモという庶民派食材という対照的な素材の組み合わせのおもしろさ、50℃前後で加熱したマグロの脂が溶けるか溶けないか、という生温かさ。それぞれの皿が表現する絶妙なバランスは、私らしい表現方法でお客さまにもそれが理解いただけたので定番化したうれしい例です。

新しい料理を生み出すことでいつもフレッシュな気分でいることができます。長くレストランを続けていると、そうしてモチベーションを維持することも大切だと思っています。

III

スペシャリテ

Timballo di patate con mascarpone e caviale

温かいポテトのティンバッロとキャビア

スペシャリテ

Succo di mais con bocconcino di fegato grasso

冷たいピュアなトウモロコシのスッコ、
フォワグラ添え

温かいポテトのティンバッロとキャビア

Timballo di patate con mascarpone e caviale

イタリア料理には「クチーナ・リッカ」「クチーナ・ポーヴェラ」という考え方があります。リッカとは金持ち、ポーヴェラとは貧乏という意味で、その名の通り、リッカはリッチな食材を使って、料理人の創造性も入れ込んだ洗練された料理のこと。ポーヴェラとはごく普通に手に入る食材を使った郷土料理やマンマが作る家庭料理的なものをさします。とはいえそれぞれに魅力があり、どちらもイタリア料理なのですから、**リッカとポーヴェラという相反する考え方をあえてひと皿に融合させてみました。**

主役はリッカの代表である「キャビア」。キャビアを「添える」のではなく、こんもり「盛って」贅沢な気分とおいしさを味わってもらいたいと考えました。合わせる食材はポーヴェラの代表である「ジャガイモ」。キャビアの塩分がジャガイモのフライやピュレとほどよく合ってまとまります。「ポンテベッキオ」をオープンして10年目に、高級なリストランテのスタイルに大きく舵を切ろうとした頃に生まれたロングセラーです。

2016年版はバタークリームで

キャビアの下にしくクリームはマスカルポーネチーズが定番でしたが2016年版はバタークリーム・バージョンに。全体が軽く仕上がり、キャビアの個性も引き立ちます。

〈バタークリーム〉

【材料】 作りやすい分量
発酵バター 100g
フロマージュブラン 75g
マスカルポーネチーズ 75g
生クリーム 50g

【作り方】
ボウルに発酵バターを入れて泡立て器でポマード状にする。フロマージュブラン、マスカルポーネチーズを入れて混ぜ合わせ、7分立てにした生クリームをさっくりと混ぜ合わせる。

→ *Ricetta p.116*

冷たいピュアなトウモロコシのスッコ、フォワグラ添え

Succo di mais con bocconcino di fegato grasso

高級食材であるフォワグラと、庶民派食材であるトウモロコシの組み合わせ。これも左ページと同じ「クチーナ・リッカ」「クチーナ・ポーヴェラ」の融合を意識して長く作り続けている一品です。トウモロコシは好きな夏野菜のひとつで、上手に料理すれば果物に負けないくらいの上品な甘い印象を残します。そんな**トウモロコシのピュアな甘味を引き出すために、**トウモロコシの芯と昆布でとっただしだけで実をやわらかく煮て、ミキサーにかけるだけの、まるでジュースのようなスッコ（スープ）です。味付けもオリーブオイルと塩のみ。シンプルゆえに合わせる食材の質もダイレクトに感じられるので、フォワグラはもちろんフレッシュで最高品質のものを選びます。両面を軽くソテーし、すぐに冷たいトウモロコシのスッコに入れるだけのシンプルなひと皿。冷たいスッコと生温かいフォワグラの温度差のコントラストも楽しめます。

→ *Ricetta p.117*

*Tonno crudo leggermente affumicato
su salsa olandese al "SAKE" con insalata di zenzero*

本マグロの軽いスモークと新ショウガのサラダ、
日本酒のオランデーズとボッタルガを添えて

スペシャリテ

Ricci di mare con gelatina di acqua di mare in brodino all'amminoacido

海水ジュレをまとった蝦夷バフンウニ、
アミノ酸スープに浮かべて

本マグロの軽いスモークと新ショウガのサラダ、
日本酒のオランデーズとボッタルガを添えて

Tonno crudo leggermente affumicato su salsa olandese al "SAKE"
con insalata di zenzero

「イタリア人にどうしたらマグロをおいしく食べてもらえるか?」ということを考え始め、生まれた料理です。いろいろ試した結果、**マグロは「ティエピド(生温かい)」という脂が溶けかかる温度で料理すると最適**だという結論になりました。その温度は50℃前後。当初は食べても気づかれない程度にごく短時間、軽くスモークをかけ、それに温度卵を合わせる方法をとりました。以来、この調理法をベースに長く作り続けてきましたが、さらに進化させたものがこのマグロの「冷燻」に「オランデーズ」を合わせたものです。マグロにはティエピドが最適であることは変わらず核となりますが、通常の燻製ではなく、冷燻つまり冷蔵庫で燻製をかけることで若干低い温度になって食感も風味もさらにマイルドに仕上がります。また温度卵を添える代わりに、同じように卵を使ったオランデーズソースを使い、マグロ全体に濃厚な卵の風味をからめます。ソースのアクセントは日本酒。新ショウガのサラダを添え、日本ならではのスタイルに仕上げています。

→ *Ricetta p.117*

海水ジュレをまとった蝦夷バフンウニ、アミノ酸スープに浮かべて

Ricci di mare con gelatina di acqua di mare in brodino all'amminoacido

イタリアの海岸にはウニの屋台があって、とれたての生のウニを殻から出して食べさせてくれます。とれたてのウニを海水で洗って食べたらとてもおいしい。そんな感動をリストランテらしいひと皿に表現しました。メインとなるのは肉厚のウニ。このウニに海水をイメージしたジュレをからめます。ひと口食べた時に感じる海の味が、さらに口の中で広がっていくように「アミノ酸スープ」を合わせて余韻を感じてもらえるようにしています。このスープはその名の通り「うま味」をたっぷり含んでいますが、ひと口でうま味といっても、**特徴的なうま味を持つ食材がいろいろ入っています**。トマトや昆布から出るグルタミン酸はもちろん、アスパラガスのアスパラギン酸、アサリのコハク酸が混ざり合い、異なるうま味成分の相乗効果によって濃厚で複雑な味わいが生まれます。グリーンアスパラガスとウニの色のコントラストも美しいひと皿です。

→ *Ricetta p.117*

*Mezzelune ripiene di burrata al burro
con fiori di colza e provolone affumicato*

菜の花とブッラータチーズを詰めた
メッツァルーナ、香りの多重攻撃

スペシャリテ III

スペシャリテ

Agnolotti dal plin ripieni di collagene di maiale con castagna e tartufo bianco

コラーゲンたっぷりの詰め物をしたアニョロッティ・ダル・プリン、ローストしたクリと白トリュフの香り

菜の花とブッラータチーズを詰めたメッツァルーナ、香りの多重攻撃

Mezzelune ripiene di burrata al burro con fiori di colza e provolone affumicato

ブッラータチーズは南イタリアのプーリア州の名産で、モッツァレッラチーズなどのミルクで作られるフレッシュチーズの中に、生クリームや細く削ったチーズを加えて作るリッチでやわらかいチーズです。このチーズと菜の花を合わせたなめらかなファルス（詰め物）になじむように、包む生地には**ジャガイモを練り込んだやわらかい生地を使います。形はユニークなメッツァルーナ（半月）に**。ゆでるとプルプル、モチモチ、ツルツルッとした食感に仕上がります。これを菜の花の香りを移したオイルと昆布水でからめて、パルミジャーノチーズに焦がしバター、スモークチーズに生ハムといったさまざまな香りで攻めます。濃厚なチーズとほんのり苦味がある菜の花を包み込んだパスタ、さらに加えられる複雑な香りが皿全体に深みを与えます。

→ *Ricetta p.118*

コラーゲンたっぷりの詰め物をしたアニョロッティ・ダル・プリン、ローストしたクリと白トリュフの香り

Agnolotti dal plin ripieni di collagene di maiale con castagna e tartufo bianco

日本人は麺食いなので、パスタというとロングパスタを好みます。でもショートパスタならではの弾むような食感はパスタの国のイタリア料理らしいもので、ぜひ味わってもらいたいと思っています。詰め物パスタはショートパスタでなければ作ることができないスタイルですし、生地で肉を包む料理法は餃子を彷彿とさせるので日本人には好まれやすいでしょう。このアニョロッティは、フランスと国境を接する北イタリアのピエモンテ州の伝統的なパスタです。詰め物の中身は煮込んだ豚肉です。**しっかりした肉質の首肉やトロトロに仕上がる豚足を使い、生の挽き肉をつなぎに加えたことがポイントです。**生肉の粘りで一体感が出るだけではなく、生地で閉じ込められた詰め物から生肉の肉汁が出て、よりジューシーに仕上がります。手間暇をかけて作った詰め物パスタの仕上げにはトリュフとピエモンテ名産のクリをたっぷりとかけて。郷土料理を華やかなリストランテにふさわしいように昇華させた一品です。

→ *Ricetta p.118*

Anguilla di fiume alla brace su melanzane e zucchine schiacciate con polvere di zucchine e "WASABI", salsa all'aceto di cherry

じっくり炭火で焼いた天然海ウナギ、ズッキーニとナスのスキャッチャータと本ワサビ、シェリーヴィネガーのサルサ添え、いりつけズッキーニで覆って

スペシャリテ

スペシャリテ

Trionice in fricassea con crema e frittura di carciofi

一度高温で揚げた天然スッポンのフリカッセア、
アーティチョークをたっぷり

じっくり炭火で焼いた天然海ウナギ、ズッキーニとナスのスキャッチャータと本ワサビ、シェリーヴィネガーのサルサ添え、いりつけズッキーニで覆って

Anguilla di fiume alla brace su melanzane e zucchine schiacciate con polvere di zucchine e "WASABI", salsa all'aceto di cherry

春にはタイ、夏にはハモ、秋にはサンマ、冬にはフグと、日本の魚は移りゆく季節を感じさせてくれます。ウナギは夏の風物詩。今となっては非常に貴重な天然の海のウナギを炭火でじっくり焼きました。蒲焼きを例に出すまでもなく、ウナギの最適調理は炭火焼きといい切れるでしょう。皮を香ばしく、身をしっとりと焼き上げます。海の天然ウナギはとても太くて大きく味もしっかりしているのですが、その分、脂がのって強い味が前面に出がちです。**シェリーヴィネガーとハチミツを使ったアグロドルチェといわれる甘酸っぱいソースでウナギ独特の個性をやわらげ**、煮込みとソテーといった異なるふたつの加熱で仕上げた夏野菜をこれでもか、とたっぷり盛り付けます。濃厚で力強いウナギの味わいに、ソースの爽やかな甘味と酸味、スキャッチャータ（つぶす）した夏野菜のうま味が溶け込みます。本ワサビをアクセントに。

→ *Ricetta p.119*

一度高温で揚げた天然スッポンのフリカッセア、アーティチョークをたっぷり

Trionice in fricassea con crema e frittura di carciofi

イタリア料理でまずお目にかかれないスッポンは、弾むような身質、うま味の凝縮性、高い栄養価と、非常に興味深い食材です。しかし、ほとんどの料理法がスープを味わうというもので、身そのものを楽しむ料理がありません。スープにするとうま味が液体に出てしまって身もパサパサになってしまいます。でもスッポンのおいしさは食感にもあります。**スッポンの滋味をスープのように楽しめ、肉としてもおいしく味わう**ことをコンセプトにした一品です。中国料理の油通しをヒントに、高温で揚げることによって甘味とうま味を閉じ込めてソースとからめました。ゼラチンがほどよく溶け、牛肉や鴨肉などと同様ジューシーでやわらかく仕上がります。

リストランテでは珍しいスッポンは、足、甲羅（上下）、首に切り分けて80℃の湯でさっと下ゆでをして使用。粗熱がとれたら薄皮をむき、足先は関節から切って取り除く。甲羅はソースに使用する。

→ *Ricetta p.119*

パリッとした皮の淡路島産猪豚バラ肉の とろとろブラザート、芽キャベツとキノコを添えて

Brasato di pancetta di maiale e la sua pelle croccante con cavolini di Bruxelles

「うま味を閉じ込めるにはどうするか」をとことん考えた煮込みがベースです。煮込んでいる間に豚肉のうま味が出てしまわないように、豚肉や香味野菜、生ハム、マッシュルームなどであらかじめなるべく濃く煮出した液体の中でじっくり煮込んでいきます。煮込み温度は90℃くらい。いろいろと試した結果、この温度での加熱が、うま味の保持だけではなくゼラチン質の溶け具合もちょうどいいことがわかりました。焦げ目が欲しいので仕上げに皮目を焼きます。手に入りにくい豚皮を使った料理ですから、その個性を生かすために、自身の脂でこんがりパリパリに焼いて食感のアクセントもつけます。豚と相性がよいキャベツの味が欲しいので芽キャベツのピュレと、同じようにうま味が濃いキノコをたっぷり添えました。煮込んだ液をそのままソースに。マルサラで香りに奥行を与えています。

→ *Ricetta p.120*

IV

生地の展開

Le variazioni della pasta

IV 生地の展開

86

リストランテのパスタとピッツア

小麦の生地を使ったパスタやピッツアはイタリア料理になくてはならないものです。イタリア各地にはそれぞれの郷土色が反映されたパスタがあり、ナポリスタイル、ローマスタイルと大きく分けられるピッツアは、ピザ窯が置かれた専門店でにぎやかに食べられています。そしてパスタもピッツアもイタリアに留まらず、世界各地でも愛されるようになりました。その人気の秘密のひとつは、日常の食事としておいしく、楽しく、カジュアルに食べられるからでしょう。

「ポンテベッキオ」は日常ではなくハレの食事を提供する「リストランテ」です。手間と時間、料理人としてのクリエイティブを盛り込んだ特別な料理を出すという意識は、パスタやピッツアにも持っています。

ピッツアはピッツアイオーロ(ピザ職人)という言葉があるように、窯を使える専門店、専門職という意識がありますから、通常のリストランテで出すことはありません。でもリストランテ的な発想をピッツアに盛り込むことができます。それを2015年に「エキ ポンテベッキオ」というピッツェリアを作って実現させています。「マルゲリータ」「マリナーラ」といったシンプルで伝統的なピッツアだけではなく、「ポンテベッキオであること」「山根大助が考えたもの」ということがわかるようなピッツアが特徴的です。

パスタも然り。私でしかできないパスタを常に考えています。それは組み合わせるソースや形を個性的なものにする、ということだけではありません。イタリアのシンボルであるパスタやピッツアを扱うのですから、イタリアに伝わるレシピをもとに「なぜ?」を徹底的に考えることから始めます。なぜこの小麦なのか? なぜこの配合なのか? なぜこの形なのか? ……伝統を疑問なくそのまま受けるのではなく、理論を徹底的に理解してから展開してみてはじめて、日本で提供するパスタやピッツアの意味が見えてくるのだと思っています。

パスタ生地の理想形

　1986年に「ポンテベッキオ」をオープンした頃、キッチンをほぼひとりで動かしていたので毎日大変でしたが、パスタはやっぱり手打ちがいいと思って時間を見つけては仕込んでいました。当時、日本のパスタといえば袋入りのスパゲッティばかり。修業してきたイタリアでバリエーション豊かなパスタの世界を見てきたこともあって、さまざまなおいしさのパスタを日本でも知ってもらいたいと思ったからです。

　その時の自家製パスタへの"執念"は、今も続いています。もちろん乾麺も好きで、乾麺でなければならないおいしさもあるので使っていますが、小麦粉の種類、水の配合、卵黄、卵白の有無、温度など、何度もデータをとりながら、理想のパスタを探し求めてきました。

　そうした試考錯誤の結果、求める食感によって、Aプリプリッとしてコシの強いもの、Bモッチリとして適度な弾力があるもの、Cモチモチとしてやわらかめのものと、大きく分けて3つの生地を使っています。

　Aは卵白だけを入れます。ソースをはじいてしまうほどコシが強くなるので、濃い味のソースに合わせます。からみすぎて味がくどくならないように、あえてからみにくいパスタと合わせるのです。卵白だけで弾力がつき過ぎる場合は、水の量で調整します。

　Bは卵黄の割合を増やします。ソースがからみやすく、ラグーのほかオイル系のパスタに合わせます。卵黄が入っているのでコクがあり、チーズやバター、生クリームを使ったパスタや、ボッタルガとの相性も抜群です。

　Cにはジャガイモの粉を入れます。やわらかい生地なので詰め物パスタによく使います。包みやすいだけではなく、ソフトな中身とパスタ生地との食感の差をなくすことができます。

　パスタはイタリア料理の華。そのことに敬意を表し、イタリアにおけるパスタの郷土性と深い歴史をまずは知ることです。それからどういうパスタにしたいか、それぞれの料理人なりの着地点をしっかり持って考えていけば、リストランテならではの独創的で、それでいてイタリア料理に着地するパスタは広がっていきます。

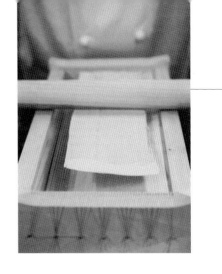

IV 生地の展開

【パスタ生地の配合】

パスタ生地A
プリプリッとした
強いコシ

トロフィエ、コンキリエ、
ストラートなどに

【材料】作りやすい分量
強力粉（ふるう） 1kg
セモリナ粉（ふるう） 200g
卵白 260g
水 260ml
塩 少量
オリーブオイル 30ml

【作り方】
1 材料をすべてボウルに入れて、生地がある程度まとまってくるまで混ぜ合わせる。
2 打ち粉（分量外）をした台に取り出し、生地が完全にまとまるまでしっかりと練る。
3 真空パックにして冷蔵庫で約3時間休ませる。

パスタ生地B
モッチリとして
適度な弾力

キタッラ、パッパルデッレ、
タリオリーニ、ラザニア、
トルナードなどに

【材料】作りやすい分量
強力粉（ふるう） 850g
セモリナ粉（ふるう） 150g
卵黄 420g
卵白 230g
塩 少量
オリーブオイル 30ml

【作り方】
1 材料をすべてボウルに入れて、生地がある程度まとまってくるまで混ぜ合わせる。
2 打ち粉（分量外）をした台に取り出し、生地が完全にまとまるまでしっかりと練る。
3 真空パックにして冷蔵庫で約3時間休ませる。

パスタ生地C
モチモチとして
やわらかめ

アニョロッティ・ダル・
プリン、メッツァルーナ
など

【材料】作りやすい分量
ジャガイモ（メークイン） 600g
強力粉（ふるう） 1kg
卵黄 200g
卵白 80g
塩 少量
オリーブオイル 少量

【作り方】
1 ジャガイモを皮付きで水洗いしてコンベクションオーブン（130℃湿度30％）で約45分間加熱して火を通す。
2 皮をむいて適宜に切り、細かい目のタミをボウルにのせて裏漉す。
3 2が熱いうちにほかの材料をすべて加え、生地がある程度まとまってくるまで混ぜ合わせる。
4 打ち粉（分量外）をした台に取り出し、生地が完全にまとまるまでしっかりと練る。真空パックにして冷蔵庫で約3時間休ませる。

トリッパと白インゲンの
サフラン煮込みの
パスタ・トルナード

Pasta a tornado con stufato di trippa e fagioli allo zafferano

　　　　卵黄が多めの生地を巻いたユニークな形のオリジナル
パスタです。巻いた部分にソースがほどよくからみ、噛んだ時に生地の層が重なるので弾む
ような食感が生まれ、合わせたトリッパの独特な歯ごたえとよくなじみます。料理名に「煮込み」とあ
えて記しているように、卵黄が入ったコクのあるパスタに合わせる時はソースというより煮込みその
ものを意識します。白インゲン豆と一緒に煮込んだトリッパの煮込みとからめたこの一品は食べ応
えがあり、立体感のある見た目はもちろん、食感、味わいともに印象に残ります。

→ *Ricetta p.120*

生地の展開

IV

白色の生地と緑色の生地を層にして細く切り、手のひらでこよりのようにねじった2色のかわいいパスタです。「ポンテベッキオ」でしか食べられない、リストンテらしい華やかなパスタをと考えました。緑色の生地はウスイエンドウのパウダーを混ぜ込んだものです。このピュレはウスイエンドウの実を同じくウスイエンドウからとっただしで煮込み、香りも逃がさないようにした風味豊かなものです。豆とチーズというイタリア料理で定番の組み合わせでまとめました。合わせた鴨の煮込みもアクセントになっています。

IV 生地の展開

河内鴨とウスイエンドウのストラート、ペコリーノとパルミジャーノで

Pasta a strati ai piselli con anatra al parmigiano e pecorino

→ *Ricetta p.121*

料理人が作るピッツァ

　ナポリの路地にあるピッツェリアで初めてピッツァを食べた時の感動は今でもはっきりと覚えています。1980年代の日本にもピッツァはありましたが、それはアメリカ経由で、ピッツァというよりもピザと呼ぶほうが似合う。パンのように厚い生地に、缶詰のマッシュルームやピーマン、ベーコン、ケチャップ、とろけるチーズなどをのせてオーブンで焼く。それはそれでおいしいのですが、それを鈍角的なおいしさとすれば、ナポリのピッツァはもっと鋭角的なおいしさです。なんというか、ピンッとしたすがすがしい食後感が残る。今まで食べたことのないようなモチモチとした生地に、フレッシュなトマトソースやなめらかに溶けたチーズがからまったおいしさに夢中になりました。

　小麦粉、水、塩、イーストを合わせて練って発酵させた生地を丸めてのばし、400〜500℃ほどの高温の石窯に入れて短時間で焼くわけですからごまかしはできず、その時の状態に応じた経験と勘に左右される要素も多いので、ピッツァイオーロ（ピッツァ職人）の存在も理解できました。ただ、私のようにリストランテのシェフでなければできないピッツァもあるはずだ。そう思って以来、おいしいピッツァを出してみたいとずっと考えていました。

　とはいえ、本場といわれるピッツァを、本場がやっているから、という理由だけでそのままの方法でやりたくはない。自分がおいしいと思うものを出すことがリストランテの役割ですから、ナポリのピッツァでも、やはり私なりの究

生地をパーラー（ピッツァを移動させるのに使う柄の長いヘラ）に移し、450℃に熱した薪窯に入れて1分30秒間焼く。窯の中で焼きムラが出ないように時どき位置や向きを変えながら焼く。

極の味が必要だと思うのです。

ナポリのピッツァイオーロの話を聞き、レシピを調べ、食材を調達し、まずは真似をして自分なりの理解をし、そこから解釈をして分解して再構築をして、ようやく形作られてきたものが、「ポンテベッキオ」のピッツェリア、「エキ ポンテベッキオ」で出しているピッツァです。

私がピッツァにめざすものはふたつです。ひとつは料理人がやるのだから、具材にとことんこだわりたいこと。季節の食材をおいしく料理して、生地にトッピングして焼けば、ナポリのピッツァとはひと味違った楽しみ方ができるはずです。そしてもうひとつは、複雑性のある生地の食感を作ることです。同じ生地の中にも、ふっくらモチモチという食感を生み出す生地とは相反する、サックリ歯切れのよい食感を生み出す生地も盛り込みたいと考えました。私の料理でよく意識する、たとえば温と冷、硬と軟といった異なるふたつのものをひとつの料理に盛り込んだ時に生まれる不均一さがおいしさを生むという考え方です。そのために、よく練る生地とあまり練らない生地を意識しながら攪拌し、それを合わせて焼き上げます。

ピッツァというと、伝統的な生地や焼き方のみにこだわりがちですが、料理人ならではのイメージを広げていけば、世界が認める日本発のピッツァももっと生まれると思っています。

【ピッツァ生地の配合】

【材料】作りやすい分量
A ピッツァ用小麦粉（イタリア産） 2.4kg
B ピッツァ用小麦粉（イタリア産） a150g／b 80g／c 40g
塩 75g　生イースト 5g（夏は量を減らす）
水（硬度1612mg／ℓの硬水） 1.5ℓ

【作り方】
1 水と塩、生イーストをよく混ぜ合わせる。
2 スパイラルミキサーに1とAの小麦粉を入れて11分間攪拌する。Bの小麦粉a、b、cを1分間隔で順に入れ、さらに3分間攪拌する。
3 打ち粉（分量外）を打った作業台に2を取り出し、1枚分（200g）ずつに分けて丸める。番重に移して常温で約6時間おく。
4 3を冷蔵庫に移し、ひと晩かけて発酵させる。
5 生地をのばす2〜3時間前に4を冷蔵庫から取り出し、常温にもどす。打ち粉（分量外）を打った作業台で薄くのばす。

〈ピッツァ用トマトソース〉

【材料】
ホールトマト（サンマルツァーノ種）の芯と種を取り除き、ムーランでつぶす。この重量に対して1％の塩を加えよく混ぜ合わせる。

いろいろなトマトの
マルゲリータ

Pizza margherita ai vari tipi di pomodori

たっぷりマッシュルームの
クリーミーピッツァ

Pizza ai funghi alla crema

めざすは料理人が作るピッツァ、
そして、日本発のピッツァ。
季節の食材を使って
最適に料理した具材を
トッピングして焼けば、
ピッツァのおいしさの表現法は
もっと広がっていきます。

シュークルートとゴルゴンゾーラ、
ドライイチジクのピッツァ
メープルシロップとコショウの風味

Pizza con crauti, gorgonzola e fichi secchi al sciroppo d'acero e pepe

IV 生地の展開

タケノコと木の芽風味の
バーニャカウダソースの
ピッツァ

Pizza napoletana con germoglio di bambù e salsa "bagna cauda", alle foglioline di pepe giapponese

トウモロコシと
アンチョビーバターのピッツァ

Pizza con mais e burro all'acciug

たっぷりフルーツと
ハチミツのデザート
カルツォーネ

Calzone di frutta al miele con gelato fiordilatte

→ *Ricetta p.121-122*

V

料理としてのデザート

Dessert come il terzo piatto

料理としてのデザート

V

料理としてのデザート

デザートも料理のひとつ

イタリアでのレストランのデザートというと、古くはフルーツが中心でした。そこに、家庭で食べられているような菓子が加わって、レストランのスタイルにアレンジされていったという歴史があります。

「ポンテベッキオ」のデザートはイタリアの伝統を踏襲するようにフルーツを使ったものが多いですが、料理で意識するほどイタリアの"伝統"菓子からの発想という考え方はほとんどしません。伝統的なイタリア菓子というと、焼き菓子や揚げ菓子のようにシンプルで重いものが多く、何よりレストランではデザートつまりスイーツを単品で食べることはないので、それまでの料理の流れをまずは大切にする必要があるからです。

「ポンテベッキオ」ではデザートまでの料理に食べ応えがあるので、最後のデザートには軽さを求めるお客さまが多いようです。とはいえリストランテで提供するデザートですから、料理と同じように軽さの中にも華やかさ、エンターテインメント性を求めています。言い換えれば、デザートが登場することでそれまでの皿の印象が変わらないように、あくまでも料理の延長としてとらえます。

もっとも多用するのはイチゴです。年によって提供するスタイルが変わります。日本人の誰もが好む味ですし、料理の素材のひとつとして考えやすい食材だからです。信頼できる業者が毎年、甘くて大きな良質のものを送ってくれることもイチゴを使う大きな理由のひとつです。シンプルに見えてもどこか仕掛けがある、そんな楽しいひと皿をめざしています。そのほか、夏はチェリーやモモ、イチジク、秋はクリ、冬は洋ナシなど、日本の旬も大事にしたいところです。

液体窒素で固めたフルーツのソルベット（シャーベット）や軽やかに焼き上げたスフレもよく登場させるメニューですが、いずれも香りや味わいを複雑にするなど、印象的で余韻のある「料理」に仕上げます。

イチゴの落とし穴 2013

Fragole in trappola 2013

イチゴの落とし穴 2014
Fragole in trappola 2014

　「イチゴの落とし穴」は「ポンテベッキオ」のスペシャリテのひとつ。**落とす「罠」にはいろいろあります。**2013年バージョンは一見、白い皿に赤いイチゴが広がっているだけですが、その上に濃厚なミルククリームをのせると、その重さで沈んでチュイールが出てきます。2014年バージョンは一見、白い皿にホワイトチョコレートだけですが、その上に温かいミルキーソースをかけると、その温度でホワイトチョコレートが溶け落ちて下からイチゴが出てきます。「落とし穴」という同じ発想で異なる仕掛けのデザートを考えることは料理人としても楽しく、食べる側の驚きと楽しみにもつながっています。

→ *Ricetta p.123*

料理としてのデザート

イチゴのフレッシュポタージュ、ハチミツのジュレ、シャンパンの泡をのせて 2010

*Gelatina al miele e espuma al champagne
su zuppa di fragole 2010*

爽やかなイチゴは濃厚なポタージュにしても
どこまでも爽やかでフレッシュ。
ハチミツのジュレで甘さをプラスし
軽やかなシャンパーニュの泡を添えました。

→ *Ricetta p.124*

イチゴのNEOショートケーキ2014
Neo short cake di fragole 2014

ショートケーキに見えないのにショートケーキという仕掛けです。
スポンジケーキとクリーム、イチゴといった
ショートケーキに欠かせない要素を分解し、再構築しています。
ハチミツ入りのミルキーソースをかけて完成するひと皿です。

→ *Ricetta p.124*

料理としてのデザート

モモの絶妙コンポート、
プラムのサンセットスープと
シャンパーニュのソルベット添え

Composta di pesca su zuppa di prugne coperto di sorbetto "champagne"

シロップで煮たモモを、プラムの真っ赤なスープ、その名も
サンセットスープに浮かせました。シャンパーニュのソルベットで
冷たくさっぱりと。異なる食感、味わいが複雑にからまった印象的なひと皿です。

液体窒素を使ったデラウェアの瞬間ソルベット

Sorbetto d'uva all'azoto liquido

マイナス196℃の超低温の液体窒素でブドウ果汁を瞬時に凍らせました。
瞬時なのでフルーツのみずみずしさがギュッと閉じ込められます。
ほかのフルーツにも応用できます。

バニラ風味の温かいスフレ
ヴィンコットソース　洋梨のソテー添え

Soufflé alla vaniglia e pera cotta in padella con salsa di vincotto

クリームチーズを混ぜ込んで焼いたスフレに
フルーツのリキュールをきかせた洋ナシのソテーを添えました。
軽やかな食感と深みあるフルーツの香りがマッチします。

→ *Ricetta p.125*

Ricetta

レシピ

→ p.14
皮で包んだ河内鴨のロートロの炭火ロースト、紅くるり大根の含め煮と焼き万願寺、オレンジ風味の鴨のジュと実山椒を添えて

【材料】2人分
河内鴨ムネ肉のロートロ(p10) 150g
万願寺トウガラシ 2本
紅くるり大根(5cm角×3mm厚) 2枚
長ネギ(5cm×1cm) 5g
鴨のスーゴ(p127) 適量
オレンジジャム 適量
実山椒 適量
鶏のブロード(p126) 適量
バター 適量
塩 適量
オリーブオイル 適量

【作り方】
1 河内鴨ムネ肉のロートロに塩をし、何度か休ませながら脂を落としつつじっくりと炭火で焼く。休ませて5mm厚に切る。
2 万願寺トウガラシにオリーブオイルを塗り、炭火で焼く。
3 フライパンにオリーブオイルをしき、長ネギを香ばしく焼く。
4 紅くるり大根を鶏のブロードで煮てからバターでソテーする。
5 鍋に鴨のスーゴを入れ、下ゆでした実山椒とオレンジジャムを加える。
6 皿に4を盛って鴨肉をのせる。5をかけ、長ネギと万願寺トウガラシを添える。

→ p.15
皮のクロッカンテとフォワグラのコンフィを添えた河内鴨のやわらかロートロ

【材料】2人分
河内鴨ムネ肉のロートロ(p11) 2個
　（約100g）
皮のクロッカンテ（下記） 2枚
鴨のスーゴ(p127) 30mℓ
フォワグラのコンフィ（右記） 20g
グリーンアスパラガス（がくを取り、穂先から15cm） 2本
チポロッティ（葉付き。薄皮と根を取り除く） 2個
オレンジジャム（右記） 5mℓ
オリーブオイル、昆布水(p36) 各適量
実山椒（さっとゆでて粗くきざんでオリーブオイルに浸ける） 適量
塩、コショウ、バター 各適量

皮のクロッカンテ
[材料]
鴨の皮（身を約1mm残す） 1枚
塩、コショウ、オリーブオイル 各少量
[作り方]
1 皮の両面に少量の塩とコショウをふる。オリーブオイルとともに袋に入れて真空パックにする。85℃の湯せんで8時間加熱する。
2 鴨の皮がトロトロになったら一度冷まして袋から取り出す。袋に溶け出た脂はロートロを焼く際に使用。
3 網付きのバットに2をのせ、サラマンドルで時間をかけて皮面をじっくりと焼く。途中、皮から滲み出た脂を何度も拭き取りながら焼き色が付くまで焼く。焼き過ぎると脂が完全に抜けてしまいパサパサになるのでほどよく脂が残るようにする。
4 3の粗熱をとり、サクサクになったら1枚を4等分に切る。

フォワグラのコンフィ
[材料]作りやすい分量
フォワグラ（鴨） 1個
塩 フォワグラの重量に対して1％
甘口ワイン（レチョート・ディ・ソアベなど） 30mℓ
[作り方]
フォワグラに塩をすり込み、甘口ワインとともに袋に入れて真空パックにする。70℃の湯せんで20分間加熱して急冷する。袋から取り出し、余分な脂を取り除いて5mm厚に切る。

オレンジジャム
[材料]作りやすい分量
オレンジ 3個　ハチミツ 30g
グラニュー糖 50g
グラン・マルニエ 適量
[作り方]
1 オレンジの皮をむき、内側の白い部分を取り除いて2cm×3mmの細切りにする。果肉は房ごとに1.5cm角に切る。
2 鍋に水とオレンジの皮を入れて火にかけてゆでこぼす。これを3回繰り返してオレンジの皮の苦味をとる。
3 鍋に2と1のオレンジの果肉、グラニュー糖、ハチミツを入れて加熱し、ジャム状になるまで煮込む。グラン・マルニエを加える。

【作り方】
1 河内鴨ムネ肉のロートロに金串を刺して塩、コショウをふり、鴨の脂（皮を湯せんした時に出た脂）をかけながら炭火でじっくりと両面を焼く。
2 フライパンにオリーブオイルをしき、グリーンアスパラガスをソテーする。塩をし、少量の昆布水を加えて蓋をして蒸し煮する。
3 別フライパンにオリーブオイルとバターを入れ、チポロッティを加えてソテーして表面に焼き色を付け、コンベクションオーブン（160℃湿度10％）でやわらかくなるまで焼く。

4 皮のクロッカンテの裏面にオレンジジャム（分量外）を薄く塗り付ける。オレンジジャムの濃度が強い場合は昆布水とオリーブオイルで薄める。
5 フォワグラのコンフィは塩、コショウで味付けする。
6 鴨のスーゴにオレンジジャムと実山椒を加える。塩で味をととのえる。
7 焼き上がったロートロを皿に盛り、フォワグラのコンフィをのせる。グリーンアスパラガスのソテーを添え、鴨のスーゴをかける。皮のクロッカンテをのせ、焼いたチポロッティを添える。

→p.17
バターの中でじっくりと加熱した石黒農園のホロホロ鳥とホワイトアスパラガスのフリカッセア、スプニョーラ添え

【材料】2人分
ホロホロ鳥ムネ肉（ササミのスジを取り除く） 180g
バター（常温にもどす） 15g
ホワイトアスパラガス 6本
昆布水 適量
鶏のブロード(p126) 適量
エシャロット（薄く切る） 20g
白ワイン 30mℓ
ホロホロ鳥のブロード(p37) 30mℓ
発酵バター（常温にもどす） 8g
生クリーム 7.5mℓ
モリーユ茸（砂を拭き取る） 6個
ホワイトアスパラガスのピュレ(p58) 10mℓ
塩、コショウ、オリーブオイル 各適量

【作り方】
1 ホロホロ鳥ムネ肉の両面に塩とコショウをふり、バターと一緒に真空パックにする。
2 ホワイトアスパラガスの皮をむき、根元の硬い部分を切り落とす。皮と硬い部分はソースに使うので取っておく。
3 鍋にピュアオリーブオイル（分量外）を入れて65℃にする。1を袋ごと沈め、65℃を保って加熱する。芯温計を刺して中の芯温が53℃になるまでゆっくりと時間をかけて加熱する。
4 フライパンにオリーブオイルをしいて火にかけ、2のホワイトアスパラガスを入れてさっと炒めて塩で味をととのえる。昆布水と鶏のブロードを加え、蓋をして蒸し煮する。少し水分を残すように加熱しておく。
5 鍋にオリーブオイルを入れて火にかけ、ホワイトアスパラガスの皮や根元の硬い部分とエシャロットを加えさっと炒める。白ワインを加え、ワインのアルコール分を飛ばして昆布水と鶏のブロードを加える。弱火で約10分間煮てシノワで漉してホワイトアスパラガスのだしをとる。
6 フライパンに5のだしと4のホワイトアスパラガス、フライパンに少し残った水分を入れる。そのままホロホロ鳥のブロード、発酵バター、生クリーム、ホワイトアスパラガスのピュレ、3の真空袋内に出た汁を合わせ、トロリとした状態のバターソースを作る。
7 6に3のホロホロ鳥を加え、ホワイトアスパラガスとホロホロ鳥にソースをかけながらゆっくりと温める。
8 別フライパンにオリーブオイルとバター（分量外）を入れて火にかけ、モリーユ茸を加えてソテーし、塩で味をととのえる。
9 7のホロホロ鳥を取り出して繊維を断つように1.5cm幅に切る。皿に盛り、7のホワイトアスパラガスとバターソースを盛り付け、モリーユ茸を散らす。

→p.18
タケノコと鴨モモ肉のコンフィのタリオリーニ、木の芽ジェノベーゼ

【材料】2人分
タリオリーニ(p127) 120g
鴨モモ肉のコンフィ（右記） 80g
コンフィオイル（右記） 適量
コンフィドリップ（右記） 適量
鴨のブロード(p126) 適量
タケノコ（下処理*済） 60g
木の芽ジェノベーゼ（右記） 50g
木の芽 適量
パルミジャーノチーズ 適量
ニンニク 2片
赤トウガラシ（みじん切り） 適量
オリーブオイル 適量
塩 適量

＊タケノコの先端を少しだけ切り落とし、軽く切り込みを入れる。寸胴鍋に水と水の約10%重量の米ぬか、赤トウガラシ（丸）2本、水の約0.5%重量の塩を入れて強火にかける。沸騰してきたら火を弱め、中火で約50分間ゆでて、タケノコがやわらかくなったらそのまま常温になるまで冷ます。

鴨モモ肉のコンフィ
[材料]作りやすい分量
鴨モモ肉 1羽分
塩 鴨モモ肉の重量に対して0.8%
ピュアオリーブオイル 適量
[作り方]
1 鴨モモ肉に塩をし、ピュアオリーブオイルと一緒に真空パックにする。85℃で湯せんしながら約4時間加熱する。氷水に真空パックごと浸けて冷ます。
2 真空パックを開け、鴨モモ肉、ジュレ状になったドリップ、冷え固まったコンフィオイルをそれぞれ取り分ける。

木の芽ジェノベーゼ
[材料]
木の芽 20g
松の実（ロースト） 10g
パルミジャーノチーズ 20g
オリーブオイル 75g
塩、コショウ 各適量
[作り方]
材料をすべてミルサーに入れ、形が残らなくなるまでしっかりつぶす。細かい目のタミで裏漉す。

【作り方】
1 タケノコをかつらむきにし、1.5cm×3cmの板状に切り揃える。フライパンに入れ、浸るほどの鴨のブロードを加えて煮る。そのままおいて粗熱をとり、味を含ませる。
2 別フライパンに鴨のコンフィオイルを入れ、コンフィした鴨モモ肉の皮目を香ばしく焼く。鴨モモ肉を取り出し、食べやすいサイズにほぐしておく。
3 2で鴨モモ肉を取り出したあとのフライパンにオリーブオイル、ニンニク、赤トウガラシを入れ、弱火で加熱する。ニンニクから香りが出たら、鴨のブロード、コンフィのドリップを入れ、塩で味をととのえる。
4 沸騰した湯に1%の塩を加え、タリオリーニをゆでる。
5 タリオリーニがゆで上がったら、3に加えてそのまま加熱し、1のタケノコを入れてなじませるように和える。水分がなくなってきたら、ほぐしておいた2のコンフィを加え、温めるようにフワッとからめて皿に盛る。木の芽ジェノベーゼ、パルミジャーノチーズをかけ、木の芽を散らす。

→ p.21

目板カレイとウニの紙巻き焼き、緑の豆と焦がしバター

【材料】2人分
目板カレイ(フィレ) 180g
ウニ(北海道産塩水漬けバフンウニ。ミョウバンなし) 40g
インゲン豆(2mm厚の小口切り) 20g
モロッコインゲン(2mm厚の小口切り) 20g
ウスイエンドウのピュレ(p59) 20g
ウスイエンドウのブロード(p126) 適量
ウスイエンドウ(ブロードでゆでて薄皮をむいたもの) 10g
昆布水(p36) 適量
A 塩漬けケイパー(塩抜きして1粒を半分に切る) 15g
　アンチョビー(みじん切り) 10g
　イタリアンパセリ(みじん切り) 12g
レモン汁 12g
バター 40g
塩、コショウ、オリーブオイル 各適量
コラトゥーラ 少量

【作り方】
1 目板カレイに塩、コショウする。
2 ウニをボウルに入れ、コラトゥーラ、コショウ、オリーブオイルを加えて軽く混ぜ合わせる。
3 2のウニを1の目板カレイではさみ、ラップ紙を巻いて冷蔵庫に入れて身を締める。
4 クッキングシートで三重巻きにして両端と中央をひもで縛る。
5 4をコンベクションオーブン(160℃湿度30%)で約8分間加熱する。
6 鍋にオリーブオイルをしき、インゲン豆、モロッコインゲン、昆布水を加えて蓋をし、蒸し焼きにする。やわらかくなったらウスイエンドウを加えさらに蒸し焼きにする。
7 別鍋にウスイエンドウのピュレを入れ、塩を加えて、ウスイエンドウのブロードでサラッとした濃度になるまでのばす。
8 フライパンにバターを入れて火にかけ、焦げない程度に色を付けて焦がしバターを作る。昆布水とAを加え、レモン汁を数滴加えてソースとする。
9 5をオーブンから取り出してクッキングシートを取り除き、表面をバター(分量外)でソテーする。適宜に切る。皿に盛り、7のピュレ、蒸し焼きにした豆を盛り付け、8のソースをかける。

→ p.23

豚のコントルフィレの格子切りサンジョベーゼ付け焼き、白アズキとソラマメのズッパとフォワグラを添えて

【材料】
豚ロース(4.5cm角) 80g
フォワグラ(2cm角) 25g
豆のピュレ(下記) 35g
赤タマネギ(1/4個大に切って繊維に直角に3mm厚) 20g
ソラマメ(塩ゆでして薄皮をむいたもの) 30g
サンジョベーゼの浸けダレ(下記) 適量
セージ、タイム 各適量
塩 適量
コショウ 適量
アンチョビー浸けダレ* 適量
＊アンチョビー10gを香りが出るまでオリーブオイル5mlで炒め、昆布水20mlでのばす。

豆のピュレ
[材料]作りやすい分量
乾燥白アズキ(ひと晩水に浸ける) 100g
乾燥ソラマメ(水が濁らなくなるまで洗う) 100g
タマネギ(5mm角) 40g
ニンジン(5mm角) 20g
セロリ(5mm角) 20g
生ハム 30g
タイム 5枝
鶏のブロード(p126) 500ml
[作り方]
1 鍋に乾燥白アズキを浸けておいた水ごと入れ、やわらかくなる手前まで煮る。
2 フライパンにオリーブオイルをしいて火にかけ、タマネギ、ニンジン、セロリを入れて弱火でじっくりと炒める。
3 1に乾燥ソラマメ、2、鶏のブロード、生ハム、タイムを入れてやわらかくなるまでアクを取りながら煮る。
4 3から生ハムとタイムを取り出し、それを半分くらいつぶしてもどす。

サンジョベーゼの浸けダレ
[材料]作りやすい分量
赤ワイン(サンジョベーゼ) 500ml
エシャロット(薄切り) 100g
タイム 5枝
ハチミツ 25g
オリーブオイル 30ml
[作り方]
フライパンにオリーブオイルをしき、エシャロットを香りが出るまで炒める。赤ワインを加えてアルコール分を飛ばし、半量になるまで煮詰める。タイム、ハチミツを加えて混ぜ合わせて冷ます。

【作り方】
1 豚ロースを22ページのように格子に切れ目を入れる。サンジョベーゼの浸けダレ、セージ、タイムで半日マリネする。
2 豚ロースにサンジョベーゼの浸けダレを塗りながら、炭火でじっくり焼いては休ませる。これを繰り返す。焼き上がる手前でアンチョビーの浸けダレを塗る。塩で味をととのえる。
3 赤タマネギの両断面を炭火で焼く。
4 鍋に豆のピュレを入れて火にかけ、熱々に温める。
5 フォワグラに塩、コショウをし、フライパンで焼く。
6 皿に4のピュレをしき、炭火で焼いた赤タマネギと豚ロース、フォワグラを盛り付ける。ソラマメを添える。

→ p.24

じっくりと5回焼いた格子切りオリーブ牛、たっぷりのアスパラ・ソバージュ添え

【材料】1人分
オリーブ牛サーロイン(格子に切れ目を入れたもの。p22) 80g
牛肉のスーゴ(p126) 15ml
アスパラ・ソバージュ 40g
実山椒(オリーブオイルと少量の鶏のブロードで軽く煮たもの) 7g
ナッツソース(下記) 10g
昆布水(p36) 適量
塩、コショウ 各適量
オリーブオイル 適量

ナッツソース
[材料]作りやすい分量
アンチョビー(みじん切り) 4g
ニンニク(すりおろす) 少量
松の実、ピスタチオ、クルミ、アーモンド 各6g
スダチ果汁 10ml
スダチの皮 適量
牛肉のスーゴ(p126) 25ml
オリーブオイル 15ml
[作り方]
1 ナッツ類をオーブンでローストし、粗熱をとってみじん切りにする。これらをミキ

サーに入れてペースト状にする。
2 鍋にオリーブオイルをしき、アンチョビー、ニンニクを入れて火にかけ、香りが出てきたら1のペーストを加えてよく混ぜ合わせながら炒める。表面が褐色になり、香ばしい香りが出てきたら牛肉のスーゴ、スダチ果汁を加える。スダチの皮をすりおろして加える。

【作り方】
1 オリーブ牛サーロインに塩、コショウし、弱めの炭火で焼く。炭火からおろし、粗熱がとれたらラップ紙で覆い、約5分間休ませる。この工程を4〜5回繰り返す。
2 牛肉のスーゴを温めて実山椒を加え、オリーブオイルで味をととのえる。
3 アスパラ・ソバージュを塩湯でさっとゆでてアク抜きする。フライパンにオリーブオイルをしいて先のアスパラ・ソバージュを入れ、少量の昆布水で温める。
4 ナッツソースを温めて皿にしく。
5 牛肉を再度炭火で焼いてナッツソースの上に盛り付け、2のソースをかけてアスパラ・ソバージュを盛り付ける。

→ p.27
やわらかダコの
クリーミーリゾット、皮と吸盤の
トロッとしたソース
フキノトウ風味

【材料】2人前
米（カルナローリ米）120g
エシャロット（みじん切り）30g
タコ*の足（皮と吸盤を取り除く）
　　2本分（約70g）
切り干し大根　20g
白ワイン　20㎖
昆布水（p36）適量
鶏のブロード（p126）適量
フキノトウとタコのソース（右記）適量
パルミジャーノチーズ　適量
発酵バター　20g
塩　適量
オリーブオイル　適量
*タコは下処理をしておく。タコを多めの塩でもみ洗いし、ぬめり、臭みを取る。頭から目、くちばし、内臓を取り除き、足を1本ずつ切り離す。タコの足から皮と吸盤を切り分け、頭と皮と吸盤は水に浸けて塩抜きをする。足は繊維を断つように薄く切り、肉叩きなどで叩いて薄くし、2㎝幅に切る。

Ricetta

フキノトウとタコのソース

[材料]作りやすい分量
タコ*の頭　1杯の約1/4量（約40g）
タコ*の吸盤　足2本分（約50g）
タコ*の皮　30g
セロリの葉　少量
イタリアンパセリの茎　少量
コショウ（ホール）少量
鶏のブロード（p126）250㎖
昆布水（p36）500㎖
オリーブオイル　適量
フキノトウ（みじん切り）2個分
[作り方]
1 鍋にタコの頭と皮と吸盤を入れ、鶏のブロードと昆布水を加える。沸騰してきたらアクを取り、セロリの葉、イタリアンパセリの茎、コショウを入れてやわらかくなるまで煮る。タコの頭、皮、吸盤を取り出し、煮汁を漉す。
2 頭と皮は細かくきざみ、吸盤は適当な大きさに切り分ける。
3 フライパンにオリーブオイルを入れ、フキノトウを加えて香りが出るまでじっくり炒める。2の煮たタコの頭、皮、吸盤、1の煮汁を加え、トロッとした状態になるまで煮詰める。

【作り方】
1 切り干し大根を水に浸けてもどし、水気をきってざく切りにする。もどし汁はとっておく。
2 鍋にオリーブオイルをしいて火にかけ、エシャロットを入れて香りを出すように炒める。米を入れて軽く塩をしてさらに炒め、白ワインを加えて水分がなくなるまで炒める。米が浸るまで鶏のブロードを加え、ざく切りにした切り干し大根、そのもどし汁を入れて米に少し芯が残るくらいまで約15分間煮る。途中水分がなくなったら、昆布水、鶏のブロードを加えて調整する。発酵バターを加えて手早く混ぜ、タコの足、パルミジャーノチーズを入れてさっくり混ぜて皿に盛る。フキノトウとタコのソースをかける。

→ p.28
アコウと蒸しアワビのとろとろ
ブロデット、ホウレン草のソテーと
アイオリソース添え

【材料】2人分

アコウ（フィレ）160g
アワビ　2個
白ワイン　少量
数種類の魚のスープ（下記）150g
トマトソース（下記）50g
ウイキョウのピュレ（p114）40g
パセリ風味のアイオリ（右記）20g
ホウレン草（茎を切り落とす）100g
ニンニク　2片
赤トウガラシ（みじん切り）少量
パプリカパウダー　少量
塩、コショウ　各適量
昆布水（p36）適量
バター　適量
オリーブオイル　30㎖

数種類の魚のスープ

[材料]作りやすい分量
スープ用の魚（小型のカサゴ、ホウボウ、
　舌平目など）3kg
タマネギ（7㎜厚）2個
ニンジン（5㎜厚）1本
セロリ（5㎜厚）1/3株
ウイキョウ（5㎜厚）150g
トマト（皮付き7㎜厚）500g
イタリアンパセリの茎　25本
ローリエ　4枚
コショウ（ホール）30粒
白ワイン　600㎖
鶏のブロード（p126）2ℓ
昆布水（p36）2ℓ
サフラン　2g　ペルノー　少量
オリーブオイル　適量
[作り方]
1 スープ用の魚はウロコと内臓を取り除き、頭を縦半分に割り、胴をぶつ切りにする。これらをたっぷりの流水で30分間ほど血抜きし、ザルにあげて水分をよくきっておく。
2 フッ素樹脂加工のフライパンにオリーブオイルを入れて1を炒める。白ワインを加え、水分を飛ばすようにさらに炒める。
3 2を鍋に移し、鶏のブロードと昆布水を入れて沸騰させる。アクをていねいに取り除き、タマネギ、ニンジン、セロリ、ウイキョウ、トマトと、イタリアンパセリの茎、ローリエ、コショウを加え20分間煮てシノワで漉す。魚の身や煮溶けた野菜も一緒に漉してスープに多少の濃度がつくようにする。
4 3を鍋にもどし、サフランを加えてひと煮立ちさせ、ペルノーで香り付けする。アクが浮いてきたら取り除く。

トマトソース

[材料]作りやすい分量
フルーツトマト（湯むきして5㎜角）40g
ホールトマト（芯を取り除き1㎝角）120g
エシャロット（みじん切り）10g
タマネギ（みじん切り）10g

塩、オリーブオイル　各適量
[作り方]
フライパンに少し多めのオリーブオイルをしき、エシャロットとタマネギを焦がさないように炒めて甘味や香りを引き出す。フルーツトマトを加え、塩をして混ぜ合わせてトマトがジャム状になるまで中火で煮込む。ホールトマトを加え、2～3分間煮てから細かい目のタミで漉し、なめらかなペースト状にする。

パセリ風味のアイオリ
[材料]作りやすい分量
イタリアンパセリ　20g
オリーブオイル　30g
昆布水(p36)　20g
卵黄　90g
白ワインヴィネガー　12g
太白ゴマ油　160g
ニンニク(すりおろす)　少量
塩、コショウ　各少量
[作り方]
1 イタリアンパセリのピュレを作る。イタリアンパセリ、オリーブオイルを昆布水とともにミルサーでしっかり撹拌し、目の細かいタミで裏漉す。
2 氷せんをしたボウルに卵黄と白ワインヴィネガー、塩、コショウを入れてハンドミキサーで撹拌する。太白ゴマ油を少しずつ加えながらさらに撹拌する。もったりとした濃度になったら、ニンニクと1のイタリアンパセリのピュレを加える。

[作り方]
1 アワビを圧力鍋に入れ、少量の白ワインと昆布水をかけて蓋をし、30分間加圧する。アワビを殻からはずし、殻に残った汁はとっておく。身には格子状に切り込みを入れる。
2 アコウの皮に切れ目を入れ、両面に塩、コショウをふる。
3 フライパンにオリーブオイルをしいて火にかけ、アコウの皮目をじっくりと焼く。皮に少し焼き色が付き、よい香りになったら身は焼かずに取り出す。
4 3のフライパンにつぶしたニンニク、赤トウガラシ、パプリカパウダーを入れて香ばしくなるまで炒める。昆布水を少量加え、パプリカパウダーが色付くのを止める。数種類の魚のスープ、トマトソース、ウイキョウのピュレ、1のアワビの汁を適量加える。軽い沸騰状態のところに、3で取り出したアコウ、アワビを入れて、スープをかけながらゆっくりと火を通す。
5 アコウに火が通り、スープが煮詰まり、適度な濃度がついたら皿に盛り付ける。
6 別フライパンにオリーブオイルと少量のバターを入れて火にかけ、ホウレン草をソテーして塩で味をととのえる。5の皿に盛り付ける。
7 パセリ風味のアイオリを鍋で少し温め、アコウとアワビにかける。

→ p.32
河内鴨の丸焼きジラロースト、焼き長ネギ添え

【材料】
河内鴨骨付きムネ肉　1羽分
長ネギ(長さ約12cmに切って4ツ割)　2本分
鴨のスーゴ(p127)　適量
塩、コショウ　各適量
オリーブオイル　適量
昆布水(p36)　適量
鶏のブロード(p126)　適量

【作り方】
1 河内鴨の骨付きムネ肉を形が崩れないようにひもで縛り、成形する。全体に塩、コショウをし、表面に軽くオリーブオイルを塗る。炭火でじっくりと回転させながら焼く(ジラロースト)。時どき休ませ、表面が乾燥してきたらオリーブオイルを塗る。
2 フライパンにオリーブオイルをしき、長ネギを入れて火にかけ、塩をして焼き色を付ける。少量の昆布水と鶏のブロードを加え、コンベクションオーブン(160℃湿度30%)でローストする。
3 鍋に鴨のスーゴを入れて温め、オリーブオイルで味をととのえる。
4 河内鴨が焼き上がったらムネ肉を骨からはずし、食べやすいサイズに切り、皿に盛り付ける。長ネギを添え、3のスーゴをかける。

→ p.35
ホワイトアスパラガスの蒸し煮と目板カレイ、濃いズッパ・ディ・ペッシェと

【材料】2人分
目板カレイ(フィレ)　160g
ホワイトアスパラガス(皮をむいて、根元の硬い部分を切り落とす)　4本
濃いズッパ・ディ・ペッシェ(下記)　100g
鶏のブロード(p126)　適量
昆布水(p36)　適量
カラシマヨネーズ(下記)　20g
トリュフソース(下記)　適量
サマートリュフ　適量
レモンの皮(2cm角)　2片
レモン汁　適量
バター、発酵バター　各10g
塩、コショウ、オリーブオイル　各適量

濃いズッパ・ディ・ペッシェ
[材料]作りやすい分量
魚(小型のカサゴ、ホウボウ、舌平目など)　1kg
白ワイン　400ml
野菜のブロード(p126)　1.2ℓ
ウイキョウの葉　適量
イタリアンパセリの茎　適量
コショウ(ホール)　4g
コリアンダー(ホール)　10g
フェンネルシード　10g　サフラン　4g
[作り方]
1 スープ用の魚はウロコと内臓を取り除いて三枚におろす。頭を縦半分に割り、骨はぶつ切りにする。頭と骨をたっぷりの流水で約30分間血抜きする。ザルにあげてしっかりと水分をきっておく。
2 フライパンにオリーブオイル(分量外)を入れ、魚のフィレと頭、骨をしっかりと炒める。白ワインを加え、水分を飛ばすようにさらにじっくりと炒める。
3 2を鍋に移し、野菜のブロード、ウイキョウの葉、イタリアンパセリの茎、肉叩きで砕いたコショウとコリアンダー、フェンネルシードを加えて沸騰させる。アクをていねいに取りながら、約20分間煮込む。
4 ブレンダーでしっかりとつぶす。粗い目の網で漉し、さらに細かい目の網で漉す。鍋に移し、濃度が出るまで煮詰める。サフランを加え、急冷する。

カラシマヨネーズ
[材料]作りやすい分量
卵黄　200g
マスタード　150g
アップルヴィネガー　100g
オリーブオイル　800g
塩　10g　練りカラシ　100g
[作り方]
練りカラシ以外の材料をミキサーに入れ、しっかりと撹拌する。ボウルに取り出し、練りカラシを加える。

トリュフソース
[材料]作りやすい分量
黒トリュフ(細かいみじん切り)　100g
アンチョビー(みじん切り)　10g
鶏のブロード(p126)　50ml
オリーブオイル　30ml

[作り方]
鍋でオリーブオイルとアンチョビーをさっと炒め、黒トリュフを加える。鶏のブロードを加え、蓋をして10分間煮る。

【作り方】
1 目板カレイの皮目に包丁で切り込みを入れ、両面に塩、コショウする。
2 フライパンにバターを入れ、目板カレイを皮目から焼く。こんがりと軽く焼き色が付いたら裏返し、昆布水、濃いズッパ・ディ・ペッシェ、レモンの皮を加えて焼き汁をかけながら火を入れる。レモンの皮を取り出し、発酵バターを加えてレモン汁、塩で味をととのえる。この液をソースとする。
3 鍋にホワイトアスパラガスを入れ、少量の昆布水とオリーブオイル、塩をして蒸し煮する。少し食感が残る程度まで火が入ったら、鶏のブロードを少量加え、煮ながら水分をからませる。
4 皿に3のホワイトアスパラガス、2の目板カレイを盛り付け、フライパンに残ったソースをかける。カラシマヨネーズと温めておいたトリュフソースをかけ、サマートリュフをスライサーで削りかける。

→ p.39
塩漬けしたワタリガニの スパゲッティ、アーリオ・オーリオ・エ・ペペロンチーノ

【材料】4人分
スパゲッティ　320g
活けワタリガニ　1杯
塩　ワタリガニの重量に対して身は0.6%、
　　　内臓、内子は1.5%
昆布（2cm角）10g　ニンニク　1片
赤トウガラシ（みじん切り）1本
オリーブオイル　80mℓ
ワタリガニのブロード（下記）140mℓ
昆布水（p36）60mℓ
イタリアンパセリ（みじん切り）　適量
パクチー（みじん切り）適量

ワタリガニのブロード
［材料］作りやすい分量
ワタリガニの殻（塩漬け後の殻）1杯
水　350mℓ
昆布（塩漬けに使用したもの）10g
イタリアンパセリの茎　15本
［作り方］

塩漬け後の殻をよく洗い、細かくきざむ。鍋に殻と水を入れて火にかける。沸騰してきたらアクをていねいに取り除き、昆布とイタリアンパセリの茎を加え、約10分間煮てからシノワで漉す。

【作り方】
1 ワタリガニの塩漬けを作る。活けワタリガニの殻をよく洗い、身を取り出しやすいようにハサミで切り分ける。エラは取り除く。殻付きの身、内臓、内子に分け、それぞれの重さに対して身は0.6%、内臓、内子に1.5%の塩をする。昆布をのせ、真空パックにして3日間冷蔵庫で塩漬けにする。
2 1の身を殻からはずし、内臓、内子は包丁できざむ。殻はブロードに使用。
3 パスタソースを作る。フライパンにオリーブオイルをしき、ニンニクと赤トウガラシを入れ、弱火でオイルに香りを移す。ワタリガニのブロードと昆布水を入れて少し煮詰める。
4 塩湯でスパゲッティをゆでる。
5 スパゲッティをパスタソースに入れて手早く混ぜ合わせる。ワタリガニの身と内臓を加え、サッと混ぜ合わせたら塩（分量外）で味をととのえて皿に盛る。内子、イタリアンパセリ、パクチーをふる。

→ p.46
少量の昆布水でじっくり蒸し煮 したグリーンアスパラガス、 チーズフォンデュと 焦がしバター添え

【材料】2人分
グリーンアスパラガス（ハカマを取り除き、
　　　穂先から2/3を使用）10本
焦がしバター　適量
チーズフォンデュ・ソース（下記）
パルミジャーノチーズ　適量
塩、オリーブオイル　各適量
昆布水（p36）適量

チーズフォンデュ・ソース
［材料］作りやすい分量
タレッジョチーズ、プロヴォローネチーズ
　（どちらも細かくきざむ）各30g
パルミジャーノチーズ　30g
生クリーム　少量
［作り方］
鍋にタレッジョチーズとプロヴォローネ

チーズを入れ溶かす。生クリームを入れて、ゆっくりと弱火で加熱する。トロトロのソース状になったらパルミジャーノチーズを加える。

【作り方】
1 フライパンにオリーブオイルをしいてグリーンアスパラガスをソテーし、塩をしてから昆布水を加える。蓋をして蒸し焼きにする。
2 グリーンアスパラガスにクキッと食感が残るまで火が通ったら皿に盛る。上から焦がしバターとチーズフォンデュ・ソースをかけ、パルミジャーノチーズをスライサーで削りかける。

→ p.47
皮だけ加熱した水ナスのマリネ、 イタリアンなサラダ仕立て

【材料】2人分
水ナス（ヘタを取る）大1個（約160g）
ニンニク　1片
A オリーブオイル　20g
　　グリーンオリーブ、ブラックオリーブ（種を
　　　取り除き、2mm角）各6g
　　塩漬けケイパー　6g
　　セミドライトマト（5mm角）10g
　　シェリーヴィネガー　4g
　　アンチョビー（みじん切り）6g
　　バジリコ　2枚
　　フルーツトマト（湯むきして5mm角）30g
ルーコラ・セルバティコ　2枝
アンディーヴ　2枚
トレヴィス　2枚　　塩　適量

【作り方】
1 ルーコラ・セルバティコを2cm長に切り、アンディーヴ、トレヴィスをそれぞれ2cm×5mm幅に切る。塩とオリーブオイルを加えて混ぜ合わせる。
2 フライパンに多めのオリーブオイル（分量外）を入れて火にかけ、オイルが熱くなったら水ナスを入れて転がしながら皮だけに火を通す。縦4等分の厚切りにする。
3 ボウルに3%の塩水（分量外）を入れて2を浸し、キッチンペーパーで落とし蓋をして15分間おく。
4 ボウルにニンニクをこすりつけ、**A**を入れてよく混ぜ合わせる。
5 3の水ナスを塩水から取り出し、キッチ

ンペーパーで水気を拭き取る。オリーブオイル（分量外）、塩で軽く味をととのえる。６５の水ナスを皿に盛り付けてその上に４を盛り、１を添える。

→ p.49
究極のサルシッチャ

【材料】2人分
サルシッチャ(p48) 2本(280g)
ソラマメのピュレ(p59) 70g
小タマネギ（輪切り） 少量
赤タマネギ（輪切り） 少量
オリーブオイル 適量

【作り方】
1 フライパンにオリーブオイルを入れて火にかけ、サルシッチャをじっくりと弱火で焼く。
2 サルシッチャの皮に焼き色が付いたらコンベクションオーブン（120℃湿度30%）にフライパンごと入れる。
3 ソラマメのピュレを小鍋に入れて温め直し、皿に盛る。サルシッチャを盛り付け、小タマネギ、赤タマネギの輪切りを散らす。

→ p.52
鬼エビとハタのスカロッパの さっと焼き、たっぷりの レモンバターソースで

【材料】2人分
鬼エビ 6尾
マハタ（フィレ） 240g
レモンバターソース（右記） 80㎖
イタリアンパセリ（みじん切り） 少量
芽ネギ（みじん切り） 少量
タラゴン（みじん切り） 少量
ズッキーニ（長い棒状） 20g
黄色ズッキーニ（長い棒状） 20g
昆布水(p36) 適量
ピーナッツオイル、クルミオイル 各適量
塩、コショウ 各適量

バター、オリーブオイル 各適量

レモンバターソース
[材料]作りやすい分量
鬼エビのブロード(p37) 90㎖
アサリのブロード(p37) 50㎖
エシャロット（2mm厚） 50g
アンチョビー（みじん切り） 4g
白ワイン 100㎖
発酵バター 60g　レモン汁 適量
エシャロットのピュレ(p59) 10g
オリーブオイル 15㎖
[作り方]
1 鍋にオリーブオイルとエシャロットを入れて火にかけ、香りが出るまで炒める。アンチョビーを加えてさっと炒め、白ワインを加えてワインがほとんどなくなるまで煮詰める。鬼エビのブロードとアサリのブロードを加え少し煮て、シノワで漉す。
2 エシャロットのピュレを加え、さらに煮詰めて濃度が出てきたらレモン汁を加える。発酵バターを加えながら泡立て器でよく混ぜ合わせ、乳化させる。

【作り方】
1 マハタをラップ紙で覆い、肉叩きでしっかりと叩いて薄くのばす。ラップ紙をはずし、塩、コショウで味を付ける。
2 鬼エビを殻からはずし、背ワタを取り除く。ラップ紙で覆い、肉叩きで軽く叩く。ラップ紙をはずし、クルミオイルとピーナッツオイル、塩、コショウで下味を付ける。
3 ズッキーニ、黄色ズッキーニをオリーブオイルでさっと炒め、塩をする。昆布水を加え、蓋をして蒸し煮にする。
4 フッ素樹脂加工のフライパンを熱して、オリーブオイルを少量入れて2の鬼エビをソテーする。
5 別フライパンにオリーブオイル、バターを少量入れ、マハタの両面をさっとソテーする。
6 4の鬼エビと5のマハタを皿に盛り付け、きざんだイタリアンパセリ、芽ネギ、タラゴンを散らして3のズッキーニを盛り付ける。温めたレモンバターソースを別の容器に盛り付ける。

→ p.53
ひな鶏のピッカータ風から揚げ、 ウイキョウとネギのザバイオーネ、 アグレッティとコーン添え

【材料】2人分
ひな鶏ムネ肉 2枚
A ウイキョウの硬い部分（適宜に切る） 10g
　イタリアンパセリの茎 3本
　セロリの葉（適宜に切る） 6g
　牛乳 8㎖
　オリーブオイル 3㎖
　タイム 1/2枝
　塩、コショウ 各少量
ザバイオーネソース（下記） 60㎖
卵 1個　　強力粉（ふるっておく）少量
アグレッティ 40g
トウモロコシ* 30g
塩、コショウ 各適量
昆布水(p36) 少量
オリーブオイル 少量
ピュアオリーブオイル（揚げ用） 適量
バター 適量
*トウモロコシは圧力鍋で火を入れ、バラバラにならないように包丁を縦に入れて芯から実をはずす。

ザバイオーネソース
[材料]作りやすい分量
卵黄 2個分
エシャロット・レデュクション(p126) 80g
ひな鶏のスーゴ（下記） 40g
ウイキョウのピュレ(p114) 40g
長ネギのピュレ(p114) 20g
フランボワーズのクーリ（市販） 少量
塩、コショウ 各適量
澄ましバター 30g
[作り方]
1 ボウルに卵黄とエシャロット・レデュクション、塩、コショウを入れて、湯せんで温めながら泡立て器で攪拌する。フワフワに泡立ったら澄ましバターを少量ずつ加えながら攪拌を続け、ツヤのある細かい泡にする。
2 鍋にひな鶏のスーゴ、ウイキョウのピュレ、長ネギのピュレ、フランボワーズのクーリを入れて加熱し、1を加えて泡をつぶさないようさっくりと混ぜ合わせる。

ひな鶏のスーゴ
[材料]作りやすい分量
ひな鶏の骨や端肉（頭部や内臓を取り除き約2cm厚） 3kg
タマネギ（5mm厚） 250g
ニンジン（3mm厚） 200g
セロリ（3mm厚） 200g
鶏のブロード(p126) 2.5ℓ
ローリエ 6枚
コショウ（ホール） 30粒
イタリアンパセリの茎 30本
赤ワイン 600㎖　白ワイン 300㎖
マルサラ酒（1/6量になるまで煮詰めたもの）
　少量
オリーブオイル 適量
[作り方]
1 フライパンを火にかけ、オリーブオイル

を入れ、タマネギ、ニンジン、セロリを水分が出ないように甘味が出るまでじっくり炒める。

2 別のフライパンを火にかけ、オリーブオイルを入れて、ひな鶏の骨や端肉を入れてしっかりと炒める。ザルで余分な油分をきる。

3 鍋に1と赤ワイン、白ワインを入れて煮詰める。鶏のブロードを加え、沸騰させて脂分やアクを取り除く。

4 ローリエ、コショウ、イタリアンパセリの茎を加えて煮出す。煮込み時間の目安は約1時間30分間。

5 煮汁をシノワで漉して、軽く煮詰めたマルサラ酒と合わせる。

ウイキョウのピュレ

[材料](作りやすい分量)
ウイキョウ(外側など硬い部分を2mm幅) 200g
オリーブオイル 15mℓ
昆布水(p36) 80mℓ　塩 適量
[作り方]

1 鍋にオリーブオイルをしき、ウイキョウを加えて火にかける。塩をしてさっと炒める。

2 昆布水を加え、蓋をして蒸し焼きしてウイキョウに火を通す。ウイキョウがやわらかくなったらブレンダーでつぶし、細かい目のタミで裏漉する。

長ネギのピュレ

[材料]作りやすい分量
長ネギ(できるだけ薄く) 200g
オリーブオイル 15mℓ
昆布水(p36) 100mℓ　塩 適量
[作り方]
鍋にオリーブオイルをしき、長ネギを入れて火にかけ、塩をしてさっと炒める。昆布水を加え、蓋をして蒸し焼きして長ネギがやわらかくなるまで火を通す。ブレンダーでつぶし、目の細かいタミで裏漉する。

[作り方]

1 ひな鶏ムネ肉の両面にうすく塩、コショウする。Aとともに真空パックに入れ、冷蔵庫で半日おいてマリネする。

2 ひな鶏のマリネを真空パックから取り出し、余分な水分をキッチンペーパーで拭き取る。両面にうすく塩、コショウする。刷毛で強力粉を多めにまぶす。ときほぐした卵にくぐらせる。

3 130℃のピュアオリーブオイルで3分間じっくりと揚げる。網付きのバットにのせて5分間休ませる。

4 フライパンにアグレッティと昆布水、オリーブオイル、塩を入れ、蓋をして蒸し煮する。

5 別フライパンにバターとオリーブオイルを入れ、トウモロコシの形をあまり崩さな

いように焼き色が付くまでソテーする。

6 3のひな鶏を150℃のピュアオリーブオイルで二度揚げにする。

7 温めたザバイオーネソースを皿にしき、6のひな鶏と4のアグレッティ、5のトウモロコシを盛り付ける。

→ p.56
寒ブリと蒸しアワビの肝バター和え、カブのフォンドゥータと葉のソース

【材料】2人分
寒ブリ(フィレ) 160g
アワビ 1個
白ワイン、昆布水(p36) 各少量
小カブ(1cm角×2mm厚) 60g
カブの葉(約12cm) 6本
カブのピュレ(p59) 40g
カブの葉のピュレ(p59) 30g
アンチョビー(みじん切り) 4g
ユズの皮、ユズ果汁 各適量
芽ネギ(4cm長) 適量
バター、オリーブオイル 各適量
塩、コショウ 各適量

【作り方】

1 蒸しアワビを作る。アワビを圧力鍋に入れ、少量の白ワインと昆布水をかけて蓋をし、30分間加圧する。アワビの肝をはずし、6g分をとっておく。アワビの身は断面が大きく見えるよう斜めに2等分に切る。蒸し汁はとっておく。

2 寒ブリに塩、コショウする。フライパンにバターを入れ、ブリの両面を焼く。蒸しアワビを加えて表面を焼く。アワビに焼き色が付いたら、アンチョビー、みじん切りにしたアワビの肝を加え、さっと炒める。昆布水、1の蒸し汁を適量加え、ブリとアワビにからめながら火を入れる。削ったユズの皮、ユズ果汁を加えて塩で味をととのえる。この液を肝のソースとする。

3 カブのフォンドゥータを作る。フライパンにオリーブオイルをしいて小カブを炒め、塩をする。ある程度火が入ったらカブのピュレを加え、からめながらポテッとした濃度になるまで煮詰める。この時、カブに食感が残るようにする。

4 鍋にカブの葉のピュレ、少量の1の蒸し汁、オリーブオイルを入れてサラッとしたソースにする。

5 フライパンにオリーブオイルをしき、カブの葉を入れて塩をしてさっと炒める。昆布水を加えて蓋をし、蒸し煮にする。

6 皿に4のカブの葉のソース、3のカブのフォンドゥータ、2の寒ブリとアワビを盛り付け、2の肝のソースをかけ、カブの葉、芽ネギを散らす。

→ p.57
アユのコンフィの熱々と瓜科のマチェドニア、メロンのソルベット添え

【材料】2人分
アユのコンフィ(下記) 4尾
ウリ科のマチェドニア(下記) 60g
アオウリのソルベット(右記) 80g
アオウリ、生ハム 各適量

アユのコンフィ

[材料]作りやすい分量
アユ 8尾
ウイキョウの葉 100g
ローリエ 2枚　コショウ 5g
オリーブオイル 500mℓ
[作り方]
アユのエラとウロコを取り除き、アユの重量に対して1.2%の塩をふりかけて2時間おく。余分な水分をキッチンペーパーで拭き取る。鍋に先のアユ、ウイキョウの葉、ローリエ、コショウ、オリーブオイルを入れて100℃になるまで加熱する。これに落とし蓋をし、110℃のオーブンで約3時間加熱する。

ウリ科のマチェドニア

[材料]作りやすい分量
キュウリ(皮と種を取る) 100g
ズッキーニ(種を取る) 50g
アオウリ(皮と種を取る) 70g
塩漬けケイパー 10g
アンチョビー 6g
オリーブオイル 15mℓ
クルミオイル 5mℓ
ピーナッツオイル 5mℓ
ニンニクのピュレ(p122木の芽風味のバーニャカウダソース欄) 適量
塩、レモン汁 各適量
[作り方]

1 キュウリを1cm幅に切り、塩をして余分な水分を出す。ズッキーニを1cm幅に切る。ケイパー、アンチョビーをそれぞれみ

じん切りにする。
2 ズッキーニに塩をふり、電子レンジでやわらかくなるまで火を通す。キュウリ、先のズッキーニ、適宜に切ったアオウリをフードプロセッサーで粗いみじん切りにする。
3 2をボウルに入れ、ケイパー、アンチョビー、オリーブオイル、クルミオイル、ピーナッツオイル、レモン汁、ニンニクのピュレを加える。塩で味をととのえる。

アオウリのソルベット
[材料]作りやすい分量
アオウリ(皮と種を取り除き、小さく切る) 500g
ペルノー 5㎖
シロップ(グラニュー糖1：水1) 30㎖
[作り方]
ミキサーにアオウリを入れて液状になるまで攪拌する。シロップとペルノーで味をととのえる。アイスクリームマシーンで冷やし固める。

【作り方】
1 生ハムを1mm厚に切り、細長く切る。アオウリの種を取り除き、アーチ形に切る。
2 アユのコンフィをフライパンでパリッとなるまで両面焼く。
3 皿にマチェドニアをしき、アユのコンフィとアーチ形のアオウリ、ソルベットを盛り付け、生ハムを散らす。オリーブオイルをかける。

→ p.57
トマトヴィネガー風味のタケノコマリネとタイラ貝、木の芽添え

【材料】2人分
タケノコのマリネ(右記) 6枚
タイラ貝の貝柱(1mm厚) 6枚
タイラ貝のソース(右記) 15㎖
トマトのフォンドゥータ(下記) 45㎖
アンチョビー(みじん切り) 適量
トマトヴィネガー 少量
オリーブオイル 適量
塩、木の芽(適宜に切る) 各適量

トマトのフォンドゥータ
[材料]作りやすい分量
フルーツトマト(皮付き。粗くきざむ) 300g
エシャロット(みじん切り) 5g
オリーブオイル 30㎖
塩 適量
[作り方]
フルーツトマトをフードプロセッサーにかけてジュース状にする。細かい目のタミで裏漉す。エシャロットとオリーブオイルを合わせ、塩で味をととのえる。

タケノコのマリネ
[材料]作りやすい分量
タケノコ(p108の下処理済) 1個
鶏のブロード(p126) 適量
アサリのブロード(p37) 適量
[作り方]
タケノコを縦7mm厚に切る。鍋に鶏のブロードと同量のアサリのブロードを、タケノコがかぶるくらいの量を入れて火にかけ、沸いたらタケノコを加えてサッと煮る。タケノコの水気をきってバットに並べ、煮汁とオリーブオイルをかける。ラップ紙で覆ってそのまま冷ます。

タイラ貝のソース
[材料]
タイラ貝(ヒモと内臓) 200g
エシャロット 50g
オリーブオイル 20㎖
ヨーグルト 30g
アサリのブロード(p37) 150㎖
白ワイン 30㎖
ゼラチン ソースのでき上がりの重量に対して1%
オリーブオイル 適量
[作り方]
1 ヨーグルトをザルにとり、余分な水気をきる。ゼラチンを氷水に浸けてもどす。
2 タイラ貝のヒモと内臓を細かくきざむ。エシャロットを薄く切る。
3 鍋にオリーブオイルをしいて火にかけ、エシャロットを炒める。タイラ貝のヒモと内臓を加えてサッと炒め、白ワインを加えてアルコール分を飛ばす。アサリのブロードを加え、約10分間煮て漉す。これを少し煮詰め、ヨーグルトとゼラチンを加えて混ぜ合わせて氷せんで冷ます。

【作り方】
1 皿に盛る直前に、タケノコのマリネにトマトヴィネガーをかけ、アンチョビーを散らす。タイラ貝の貝柱に、塩、オリーブオイルをかけ、サラマンダーでほんのり温める。
2 皿にトマトのフォンドゥータを盛り、タケノコと貝柱をのせる。タイラ貝のソースをかける。木の芽をふり、オリーブオイルをかける。

→ p.60
ホタルイカと菜の花の冷製カペッリーニ、ユズの風味

【材料】2人分
カペッリーニ 120g
ホタルイカ(ボイル。目、くちばし、軟骨を取り除く) 10杯
ホタルイカのソース(下記) 適量
ニンニク 1片
赤トウガラシ(みじん切り) 適量
エシャロット(みじん切り) 20g
菜の花(粗みじん切り) 80g
ユズの皮(すりおろす) 適量
ユズ果汁 4～6滴
オリーブオイル 適量
昆布水(p36)、塩 各適量

ホタルイカのソース
[材料]作りやすい分量
ホタルイカ 200g
白ワイン 100㎖
アンチョビー(みじん切り) 15g
よしる(イワシの魚醤) 30㎖
昆布水(p36) 150㎖
オリーブオイル 40㎖
[作り方]
鍋にオリーブオイルを入れて火にかけ、アンチョビーを入れる。ホタルイカを加えてさっと炒めたら白ワインを入れ、強火でワインのアルコール分を飛ばす。よしると昆布水を加え、約10分間煮る。フードプロセッサーにかけてシノワで漉す。

【作り方】
1 フライパンにオリーブオイル、菜の花を加えて火にかけ、昆布水を加えて、蓋をして蒸し煮にする。やわらかくなったら取り出し、氷せんで急冷する。
2 ニンニクの繊維を断つように底面を切り落とし、断面に切り込みを入れ、ボウルにこすりつけておく。
3 別フライパンに赤トウガラシ、オリーブオイルを入れて、じっくりと弱火で加熱する。香りが出てきたら、ホタルイカのソースを入れてさっと沸かし、昆布水と塩で濃度と味をととのえる。
4 2に3を入れ、氷せんする。しっかり冷えたら、エシャロットのみじん切りを加えてさっと混ぜ合わせる。
5 塩湯でカペッリーニをゆでて4にからめながら冷やす。オリーブオイルを加え

て皿に盛り付ける。
6 ホタルイカをホタルイカのソースにさっとからませ、150℃のコンベクションオーブンでさっと温める。
7 パスタの上に菜の花、ホタルイカを盛り付け、ユズの皮、ユズ果汁、オリーブオイルをかける。

→ p.61
ハモの炭火焼きと揚げ野菜 スダチアンチョビーソース、冷たい夏野菜のクレーマと

【材料】2人分
ハモ（フィレ）50g×2枚
夏野菜のクレーマ（下記）60g
A ナス（皮目に格子状に切り込みを入れ、縦8等分したもの）2本
　ズッキーニ（縦に8等分し、10cmの棒状に切ったもの）2本
　甘長シシトウ（表面に穴を開ける）2本
ミョウガ（縦に切る）3本
バジリコ（細切り）適量
松の実（ロースト）10粒
花穂紫蘇（花のみ）適量
バジリコオイル（p126）適量
スダチアンチョビーソース（右記）適量
塩、コショウ、オリーブオイル 各適量

夏野菜のクレーマ
[材料]作りやすい分量
フルーツトマト（きざむ）400g
ナス（皮をむき約1cm幅の半月切り）600g
ズッキーニ（約1cm幅の半月切り）250g
赤ピーマン（ヘタと種をとり、縦4等分切って約1cm幅に切ったもの）200g
アンチョビー 20g
グリーンオリーブ（きざむ）50g
鶏のブロード（p126）700g
昆布水（p36）適量
塩、オリーブオイル 各適量
[作り方]
1 ナスを150℃のピュアオリーブオイル（分量外）で色付けないように揚げ、ザルにあげてコンベクションオーブン（160℃湿度10%）で加熱して油をきり、キッチンペーパーで油分をしっかり取る。
2 フライパンにオリーブオイルをしき、ズッキーニをじっくりソテーして塩をし、味を凝縮させる。別フライパンで赤ピーマンも同様にソテーする。それぞれキッチンペーパーで油分をしっかり取る。
3 鍋にオリーブオイルをしき、アンチョビーとグリーンオリーブを炒める。1と2のズッキーニと赤ピーマン、トマト、鶏のブロードを入れ、野菜がトロトロになるまで煮る。
4 3をブレンダーでしっかりつぶす。細かい目のタミで裏漉しし、少量の昆布水と塩で味と濃度をととのえる。

スダチアンチョビーソース
[材料]2人分
スダチ果汁 40ml
アンチョビー 8g
オリーブオイル 15ml
スダチの皮（すりおろし）適量
塩 適量　ニンニク 1片
[作り方]
鍋にオリーブオイルとニンニクを入れて火にかけ、香りが出たらアンチョビーをさっと炒める。スダチ果汁を加え、1/3量になるまで煮詰める。塩と少しのスダチ果汁（分量外）、スダチの皮を加える。

【作り方】
1 ハモの身に金串を打ち、オリーブオイルをぬって塩、コショウをして炭火で皮目をじっくりと焼く。皮がパリッと焼けて身がまだ半生の状態に仕上げる。
2 網付きのバットに1のハモをのせてコンベクションオーブン（120℃湿度30%）で2分間加熱する。
3 160℃のオリーブオイルでAをそれぞれ揚げて塩をする。ミョウガに少量の塩とオリーブオイルを塗り、炭火で焼く。
4 皿に2のハモ、3の揚げ野菜とミョウガを盛り、温めておいたスダチアンチョビーソースをかける。夏野菜のクレーマを別容器に入れ、バジリコ、松の実、花穂紫蘇を散らしてバジリコオイルをかけて皿に添える。

→ p.61
"活シラス"と菜の花のオイルスパゲッティ

【材料】2人分
スパゲッティ（1.6mm太）160g
シラス* 64g
昆布水（p36）適量
菜の花（1cm幅）50g
アサリのブロード（p37）40ml
ユズの皮（すりおろす）適量
ユズ果汁 適量
イタリアンパセリ（粗みじん切り）適量
アンチョビー（みじん切り）4g
ニンニク 2片
ブラックオリーブペースト 2g
オリーブオイル、塩 各適量
赤トウガラシ（細かくきざむ）適量
＊濃い昆布水（水200mlに昆布10gを10時間浸す）に5％の塩を入れて溶かす。CAS冷凍した生シラスを浸して解凍する。ザルにあげてキッチンペーパーで水気を拭き取る。

【作り方】
1 フライパンにオリーブオイルをしき、菜の花をソテーして少量の昆布水を加えてから蓋をして蒸し煮にする。
2 別フライパンにオリーブオイル、ニンニク、赤トウガラシを入れて火にかける。ニンニクの香りが出たらアンチョビー、イタリアンパセリを加えて炒める。アサリのブロードと昆布水を加えて少し煮込み、ニンニクを取り出し、ブラックオリーブペーストを加えてパスタソースとする。
3 塩湯でスパゲッティをゆでる。
4 ゆで上がったスパゲッティをパスタソースに入れ、中火で芯まで熱々になるようにからめる。1の菜の花、ユズの皮を入れてからめ、皿に盛る。シラスをのせ、ユズ果汁を数滴ふりかける。

→ p.66
温かいポテトのティンバッロとキャビア

【材料】2人分
メークイン 1個
メークインのピュレ（下記）80g
キャビア 26g
バタークリーム（p68）22g
シブレット（7cm長）16本
バター（ポマード状にする）適量
合わせオイル（オリーブオイルと澄ましバターを1:1で合わせる）適量
塩 適量

メークインのピュレ
[材料]約15人分
メークイン 1.3kg
バター 加熱したメークインの重量に対して1.3％
塩 適量
[作り方]
メークインを皮付きのままコンベクション

オーブン（120℃湿度50%）で35〜40分間火を入れる。皮をむき、木ベラでつぶして重さを量る。メークインの重さに対し1.3%のバターを溶かし込み、温かいうちに塩をして味を付ける。

【作り方】
1 メークインのフライを作る。メークインの皮をむき、直径2.5cmのセルクルで抜いて4mm厚に切る。これを16枚用意する。水にさらし、ザルにあげてキッチンペーパーで水気を拭き取る。鍋に合わせオイルを入れて火にかける。メークインの薄切りを入れ、弱火でゆっくりと揚げる。キッチンペーパーにとり、塩を軽くふる。
2 直径8cmのセルクルにメークインのピュレを詰め、その上にメークインのフライを1人分あたり8枚重ねる。バターを何度も塗りながらサラマンダーで焼く。
3 2を皿に盛り、バタークリーム、キャビア、シブレットの順にのせる。

→ p.67
冷たいピュアなトウモロコシのスッコ、フォワグラ添え

【材料】 2人分
トウモロコシ（フルーツコーン。以下同）のスッコ（下記）120ml
トウモロコシ（実）40g
フォワグラ 40g
塩、コショウ、オリーブオイル 各適量

トウモロコシのスッコ
[材料]作りやすい分量
トウモロコシ 3本
水 650ml
昆布（5cm角）1枚　塩 適量
[作り方]
トウモロコシの皮をむき、実（450g目安）と芯に切り分ける。芯はきざむ。鍋にトウモロコシの芯と水、昆布を入れて加熱し、約15分間煮だしをとる。これを漉し、トウモロコシの実を入れて再び加熱する。20分間煮込み、ミキサーにかける。これを裏漉して氷せんで急冷する。塩で味をととのえる。

【作り方】
1 トウモロコシに塩とオリーブオイルをからめ、電子レンジで加熱する。
2 フォワグラに塩とコショウをふり、よく熱したフライパンで上下両面をパリッと焼く。これをコンベクションオーブン（150℃湿度20%）で2分間加熱する。
3 トウモロコシのスッコを器に盛り、加熱したトウモロコシを散らす。フォワグラを静かにのせ、オリーブオイルをかける。

→ p.70
本マグロの軽いスモークと新ショウガのサラダ、日本酒のオランデーズとボッタルガを添えて

【材料】 2人分
本マグロの燻製（下記）100g
ボッタルガ（パウダー）10g
ボッタルガ（棒状に切る）8g
A ウイキョウ（硬いスジをとって1mm幅）8g
　セロリ（1mm厚）8g
　タマネギ（1mm厚）12g
　新ショウガ（約1mm×4cmの針状）6g
アボカド（5mm厚）6枚
クレソン（硬い部分を切り落とす）60g
日本酒オランデーズ（下記）15g
塩、コショウ、レモン汁 各適量
太白ゴマ油、オリーブオイル 各適量

本マグロの燻製
[材料]作りやすい分量
本マグロ（中トロ）100g
スモークウッド 適量
紅茶の葉（アールグレイ）適量
[作り方]
本マグロを4cm×7cm×3mm厚の板状に切り、スモークウッドと紅茶の葉で軽くスモーク（冷燻）する。

日本酒オランデーズ
[材料]作りやすい分量
エシャロット・レデュクション（p126）70g
卵黄 2個分
塩、コショウ 各適量
澄ましバター 50g
太白ゴマ油 20g
芽ネギ（みじん切り）、レモン汁 各適量
[作り方]
ボウルに卵黄とエシャロット・レデュクション、塩、コショウを入れて湯せんにかけ、泡立て器でフワフワになるまで撹拌する。ここに澄ましバターを少量ずつ加えながら撹拌を続け、もったりしてきたら湯せんからはずす。さらに太白ゴマ油を加えながら撹拌し、ツヤのある細かい泡状にする。芽ネギとレモン汁を加える。

【作り方】
1 オリーブオイルでクレソンをソテーし、塩で味をととのえる。
2 本マグロの燻製に太白ゴマ油と塩、コショウをかけて味をととのえる。
3 Aに塩、レモン汁、オリーブオイルをかけて混ぜ合わせる。
4 アボカドに塩、コショウ、レモン汁、オリーブオイルをかけて味をととのえる。
5 皿に4のアボカドを盛り、日本酒オランデーズ、2、3の順に盛り付ける。棒状のボッタルガを盛り、オリーブオイルをかけて、1のクレソンを盛る。ボッタルガのパウダーをふる。

→ p.71
海水ジュレをまとった蝦夷バフンウニ、アミノ酸スープに浮かべて

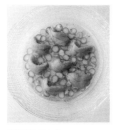

【材料】 2人分
海水漬けウニ 50g
海水のようなジュレ（下記）適量
グリーンアスパラガス（穂先から1/3のみを使用）50g
マスタードスプラウト、桜カイワレ（それぞれ細かくきざむ）各少量
アミノ酸スープ（下記）100ml
オリーブオイル（冷やしておく）適量
塩 適量

アミノ酸スープ
[材料] 約10人分
アサリ 500g
昆布水（p36）500ml
白ワイン 200ml
グリーンアスパラガス（皮付きのまま2mm幅）300g
フルーツトマト（適宜に切る）150g
イタリアンパセリの茎 10本
[作り方]
鍋に材料を入れて火にかけ、アクをていねいに取り除きながら約15分間煮る。キッチンペーパーで漉し、よく冷やす。

海水のようなジュレ
[材料]作りやすい分量
水 500ml
昆布（5cm角）4枚
塩 6g

Ricetta

板ゼラチン(水でもどして絞る) 9g
[作り方]
すべての材料を鍋に入れ、沸騰しない程度に温める。ゼラチンと塩を溶かす。昆布を取り出し、型に入れて冷やし固める。完全に固まる少し前のものを使う。

【作り方】
1 グリーンアスパラガスを1mm幅に切り、オリーブオイルでさっとソテーし、塩で味をととのえてそのまま粗熱をとる。
2 皿に1のグリーンアスパラガスと、マスタードスプラウト、桜カイワレを盛り、水気をきったウニを並べる。ウニを覆うように海水のようなジュレをかける。まわりからアミノ酸スープをそっと流し、オリーブオイルをかける。

→ p.74
菜の花とブッラータチーズを詰めたメッツァルーナ、香りの多重攻撃

【材料】2人分
パスタ生地C(p89。2mmの厚さにのばし7cm角) 14枚
菜の花とブッラータのファルス(下記) 140g
菜の花の香りオイル(下記) 45mℓ
とき卵 適量
焦がしバター 20mℓ
生ハム(細かくきざんだもの) 4g
昆布水(p36) 80mℓ
スモーク・プロヴォローネチーズ(右記) 適量
菜の花 8本
パルミジャーノチーズ 適量
オリーブオイル、塩 各適量

菜の花とブッラータのファルス
[材料]作りやすい分量
菜の花のピュレ(p59) 130g
ブッラータチーズ(水分を拭き取り、1cm角) 300g
パルミジャーノチーズ 50g
卵 50g 塩 適量
[作り方]
材料をすべてボウルに入れ、ブッラータチーズがつぶれすぎないよう混ぜ合わせる。

菜の花の香りオイル
[材料]作りやすい分量
菜の花(みじん切り) 100g
オリーブオイル 150mℓ
昆布水(p36) 30mℓ

[作り方]
菜の花とオリーブオイル75mℓと昆布水をフードプロセッサーに入れて撹拌する。菜の花が少しつぶれたら鍋に移し、残りのオリーブオイルを加え火にかける。沸騰してきたら約5分間弱火で煮て香りをオイルに移し、氷せんで冷ます。

スモーク・プロヴォローネチーズ
[材料]作りやすい分量
プロヴォローネチーズ 500g
スモークウッド(桜) 40g
紅茶の葉(アールグレイ) 少量
[作り方]
1 プロヴォローネチーズは適当な大きさに切り、網の上に並べる。
2 スモークウッドに火をつけて密閉できるステンレス製の容器に入れ、その上に紅茶の葉をふりかける。1を入れて蓋をし、冷蔵庫で30分間燻す。
3 2の工程をもう一度繰り返し、プロヴォローネチーズにしっかりとした燻製の香りをまとわせる。

【作り方】
1 メッツァルーナを作る。7cm角に切ったパスタ生地Cの周囲にとき卵を刷毛で薄く塗り、中央に菜の花とブッラータのファルスをのせる。対角線に折り、三角形にして角をとるようにセルクルで切り抜く。指で周囲をつまみ、空気を抜きながら半月形に成形する。
2 塩湯でメッツァルーナをゆでる。
3 フライパンに昆布水と菜の花の香りオイルを入れ、ゆで上がったメッツァルーナを入れて菜の花の香りオイルをなじませるようにからめる。
4 別フライパンで菜の花をオリーブオイルでソテーし、少量の昆布水(分量外)と塩を加える。蓋をして蒸し煮にする。
5 3を皿に盛り、パルミジャーノチーズをふりかけて、焦がしバターをかける。4を添え、生ハムとスモーク・プロヴォローネチーズを削りかける。

→ p.75
コラーゲンたっぷりの詰め物をしたアニョロッティ・ダル・プリン、ローストしたクリと白トリュフの香り

【材料】2人分
パスタ生地C(p89) 280g
A 豚首肉の煮込み(下記) 86g
  豚足の煮込み(下記) 86g
  豚挽き肉(肩。細かく挽く) 34g
  卵 23g
  パルミジャーノチーズ 11g
  塩、コショウ 各適量
  ナッツメグ 適量
豚首肉の煮込みソース(右記) 10mℓ
パルミジャーノチーズ 適量
白トリュフ 10g
クリ 4個
オリーブオイル 適量

豚首肉の煮込み
[材料]作りやすい分量
豚首肉(塊) 32kg
B タマネギ(7～8mm厚) 1kg
  ニンジン(7～8mm厚) 500g
  セロリ(7～8mm厚) 500g
ドライポルチーニ茸 50g
白ワイン 300mℓ
生ハム(赤身。2cm角) 80g
鶏のブロード(p126) 3ℓ
ナッツメグ(パウダー) 少量
ブーケガルニ 1束
塩、コショウ、オリーブオイル 各適量
[作り方]
1 ドライポルチーニ茸を水に浸けてもどす。もどし汁を鍋に入れて煮詰め、もどしたポルチーニ茸を入れてからめておく。
2 豚首肉を400gずつに切り分け、糸で形をととのえる。塩、コショウをふる。
3 フライパンにオリーブオイルをしき、2の豚首肉の表面を焼いて取り出す。空いたフライパンにオリーブオイルを多めに加え、Bを揚げるように炒める。鍋に焼いた豚首肉を入れ、白ワインを加えてワインのアルコール分を飛ばす。鶏のブロードを加えて沸騰してきたらアクをていねいに取り除く。先の炒めたBとブーケガルニ、生ハム、ポルチーニ茸、ナッツメグを加える。約2時間煮込み、鍋のままゆっくりと冷ます。
4 煮汁から豚首肉を取り出し、糸をはずして包丁で細かくきざむ。煮汁は漉してから1/3量になるまで煮詰める。半分は先の豚首肉の煮込みにからめ、残り半分はソース(右記)用とする。

豚足の煮込み
[材料]作りやすい分量
豚足 5kg
C 白ワイン 500mℓ
  水 鍋に入れた豚足にかぶる程度
  コショウ(粒) 30粒
  ローリエ 3枚
  イタリアンパセリの茎 30本
[作り方]

1 豚足の表面の毛をバーナーで焼き、水から3回ゆでこぼす。鍋にゆでこぼした豚足、Cを入れ、火にかける。アクをていねいに取り除く。豚足がトロトロになるまで約4時間煮込む。
2 煮込んだ豚足の骨を取り除き、冷ましてから包丁で細かくきざむ。

豚首肉の煮込みソース
[材料]作りやすい分量
豚首肉の煮汁(左記) 60ml
赤ワイン 250ml
エシャロット(2mm厚) 60g
オリーブオイル 適量
[作り方]
鍋にオリーブオイルを入れて火にかけ、エシャロットを加えて炒める。赤ワインを加えて弱火でゆっくりと煮込む。これを漉し、豚首肉を煮込んだ際の煮汁と合わせる。オリーブオイルを加える。

【作り方】
1 Aを混ぜ合わせてファルス(詰め物)を作る。
2 アニョロッティ・ダル・プリンを作る。パスタ生地Cを冷えた状態のままパスタマシーンで2mm弱の厚さにのばし、7cm×40cmくらいの長方形を4枚とる。絞り出し袋にファルスを入れ、1枚の生地の上に等間隔でファルスを約10gずつのせる。上から生地をかぶせる。残り2枚の生地も同様にする。ファルスとファルスの間を指でつまんで閉じる。パイカッターで余分な生地を切る。包丁で切り離し、両端をつまんで形作る。
3 塩湯でアニョロッティをゆでる。
4 クリを鬼皮付きのままローストして半分に切り、スプーンで実を取り出す。
5 ゆでたアニョロッティを皿に盛り、豚首肉の煮込みソースとオリーブオイルをかける。パルミジャーノチーズをふり、クリと白トリュフをおろしかける。

→ p.78
じっくり炭火で焼いた天然海ウナギ、ズッキーニとナスのスキャッチャータと本ワサビ、シェリーヴィネガーのサルサ添え、いりつけズッキーニで覆って

【材料】2人分
天然ウナギ(下処理*したもの) 140g
本ワサビ(すりおろす) 14g
ズッキーニ(みじん切り) 50g
黄色ズッキーニ(みじん切り) 50g
赤タマネギ(縦半分に切り、繊維を断つように3mm厚) 20g
ディルの花 2枝
ズッキーニとナスのスキャッチャータ(下記) 120g
アンチョビー(みじん切り) 4g
シェリーヴィネガー 80g
昆布水(p36) 適量
ハチミツ、オリーブオイル 各適量
塩、コショウ 各適量
*腹を開いて内臓と骨を取り除き、網付きのバットに皮目を上にして並べる。ウナギの皮に熱湯をかけて、すぐにボウルに入れた氷水で冷やす。まな板にとり、包丁でぬめりをこげ取る。このウナギを網付きのバットに並べて白ワインを皮目にふりかけ、コンベクションオーブン(100℃湿度100%)で約10分間蒸し焼きにする。

ズッキーニとナスのスキャッチャータ
[材料]作りやすい分量
ナス(縦半分に切り皮をむく) 300g
ズッキーニ(縦半分に切り、5mm幅) 300g
オリーブオイル、塩 各適量
[作り方]
1 ナスにオリーブオイルを塗り、網付きのバットにのせてコンベクションオーブン(160℃湿度30%)で色付けないように加熱する。粗みじんになるまで叩く。
2 鍋にオリーブオイルとズッキーニを入れて弱火にかけ、あまりかき混ぜずにじっくり加熱する。少量の塩をふりかける。
3 1と2を混ぜ合わせる。

【作り方】
1 ウナギは金串を打って両面に塩、コショウをする。炭火でじっくりと焼く。皮目がパリッとして身がふっくら焼き上がるように時間をかけて焼く。
2 フライパンに、オリーブオイルとズッキーニ、黄色ズッキーニを入れ、軽く塩をしてパラッとなるまで炒める。
3 別フライパンにオリーブオイルと赤タマネギを入れ、塩をして炒める。
4 鍋にオリーブオイルとアンチョビーを入れ、さっと炒めて香りが出たら、昆布水、シェリーヴィネガー、ハチミツを加えて、濃度が出るまで煮詰め、甘酸っぱいソースを作る。
5 皿にズッキーニとナスのスキャッチャータを温めて盛り付け、1のウナギをのせ、4のソースをかける。本ワサビと3の赤タマネギを散らし、2のズッキーニをかけ、ディルの花を添える。

→ p.79
一度高温で揚げた天然スッポンのフリカッセア、アーティチョークをたっぷり

【材料】2人分
スッポンのマリネ(下記) 200g
グレモラータ(p126) 10ml
スッポンのソース(下記) 50ml
グリーンオリーブ 4個
アーティチョークのピュレ(p59) 70g
アーティチョーク(可食部分を細長く切ったもの) 60g
タマネギ(5mm角) 少量
鶏のブロード(p126) 50ml
強力粉 適量 ニンニク 1片
赤トウガラシ 少量 シェリー酒 適量
ポルチーニ茸(きざむ) 20g
マルサラ酒、白ワイン 各30ml
オリーブオイル、塩、コショウ 各適量

スッポンのマリネ
[材料]作りやすい分量
スッポン(p81の下処理済) 1匹
A タイム 4枝
  オリーブオイル 45ml
  ハチミツ 少量
  ローリエ 2枚
  イタリアンパセリの茎 15本
  タイム 4枝
  コショウ(ホール) 20粒
[作り方]
スッポンの足、首をバットに入れてAをよくからめる。ラップ紙で覆い、冷蔵庫で半日間マリネする。

スッポンのソース
[材料]作りやすい分量
スッポンの甲羅 2匹分
白ワイン 100ml
B 牛スジ肉(3cm幅) 300g
  昆布(5cm角) 2枚
C 鶏のブロード(p126) 1.5ℓ
  イタリアンパセリの茎 15本
  ローリエ 2枚
  ソフリット(p126) 150g
  生ハム(硬い部分を包丁できざむ) 30g
[作り方]
1 鍋にスッポンの甲羅を入れて火にかけ、白ワインを加えて炒め煮する。Bを加え、沸騰したらアクを取り除く。Cを加えて約1時間30分間煮込む。スッポンの甲羅がやわらかくなったら煮汁を漉す。

2 煮汁を鍋に入れ、アクと脂をていねいに取りながら、半量になるまで煮詰める。

【作り方】
1 スッポンのマリネからハーブ類、コショウを取り除き、塩、コショウ、オリーブオイル、シェリー酒をからめる。
2 強力粉をふりかけ、170℃のオリーブオイルでカリッと揚げる。
3 フライパンにオリーブオイルとつぶしたニンニク、赤トウガラシを入れて火にかけ、ポルチーニ茸を炒める。2を加えてさらに炒める。マルサラ酒と白ワインを加えアルコール分が蒸発するまで加熱する。
4 鶏のブロードとスッポンのソースを加え、スッポンを煮込むようにして少しの間、火を通す。ソースが全体にからまってきたらグレモラータを加える。
5 別フライパンに多めのオリーブオイルを入れて火にかけ、アーティチョークを入れて揚げるようにして火を通す。
6 アーティチョークのピュレを小鍋に入れ、温め直す。
7 皿に6をしき、4を盛り付ける。タマネギと5のアーティチョークを散らす。

→ p.82
パリッとした皮の淡路島産猪豚バラ肉のとろとろブラザート、芽キャベツとキノコを添えて

【材料】2人分
猪豚の煮込み（下記）160g
猪豚のソース（下記）60mℓ
芽キャベツのピュレ（p59）30mℓ
芽キャベツ 6個
赤パールオニオン（小赤タマネギ。縦1/4）4個分
ジロール茸、コプリーヌ茸 各4個
菜の花のピュレ（p59）10g
菜の花（3mm幅）2本分
塩 適量 コショウ（ホール）適量
オリーブオイル 適量
昆布水（p36）、バター 各適量

猪豚の煮込みとソース

[作り方] 作りやすい分量
猪豚バラ肉 1塊（3kg）
豚端肉 2kg
タマネギ（2cm厚）中2個
ニンジン（皮付きのまま1cm厚）1本
セロリ（2cm厚）5本
白ワイン 1ℓ

鶏のブロード（p126）適量
A ローリエ 2枚
  コショウ（ホール）30粒
  タイム 4枝
  生ハムの端（赤身部分）100g
  昆布（10cm角）2枚
エシャロット（薄く切る）300g
マッシュルーム（3mm幅）300g
赤ワイン 600mℓ 塩 適量
マルサラ酒（1/8量になるまで煮詰めておく）適量
オリーブオイル 適量

[作り方]
1 猪豚バラ肉の余分なスジやゲタ（中落ち）を取り除く。スジやゲタはとっておく。猪豚バラ肉に塩をたっぷりとすり込む。冷蔵庫にひと晩おいたのち、水に入れてひと晩冷蔵庫で塩抜きする。
2 猪豚バラ肉を水から取り出し、流水で表面を洗い流して水気を拭き取る。皮の表面をガスバーナーで炙り、細かい毛を焼いて8等分に切る。
3 フライパンにオリーブオイルをしき、タマネギ、ニンジン、セロリを炒める。
4 別フライパンにオリーブオイルをしき、猪豚のスジやゲタ、豚の端肉をオリーブオイルで香ばしく炒める。
5 鍋に白ワインを入れて、ワインがほとんどなくなるまで煮立てる。鶏のブロードと4を入れて沸騰させ、アクをていねいに取り除く。3とAを加えて約1時間煮てシノワで漉す。シノワに残った野菜をフードプロセッサーにかけ、煮汁と合わせる。
6 別鍋に2の猪豚バラ肉と5の漉した煮汁を入れ、弱火でじっくりと煮込む。鍋から肉を取り出し、そのままおいて粗熱をとる。鍋に残った煮汁は煮詰める。
7 煮汁と肉が冷めたら、一緒に真空パックにし、コンベクションオーブン（93℃湿度50%）で約3時間加熱する。
8 7の煮込みを真空パックから取り出し、皮目を下にして冷ます。
9 別鍋にオリーブオイルを入れて火にかけ、エシャロットとマッシュルームをじっくり炒める。赤ワインを入れ、ワインがほとんどなくなるまで煮詰める。真空パックに残った煮汁を加えてじっくり煮込む。マルサラ酒を加えてソースとする。

【作り方】
1 猪豚の煮込みを成形し、塩、コショウをする。フッ素樹脂加工のフライパンにオリーブオイルを入れて火にかけ、煮込みの皮目を焼いて焼き色を付ける。皮をはずし、余分な脂を取り除く。
2 鍋に猪豚のソースと1を入れ、煮詰めながら温める。
3 別鍋に菜の花を入れ、少量のオリーブオイルと昆布水を加えて蓋をして蒸し煮

する。菜の花のピュレとオリーブオイル、昆布水を加える。
4 フライパンにオリーブオイルをしき、ジロール茸、コプリーヌ茸を入れて炒める。仕上げにバターを加える。
5 赤パールオニオンに塩とオリーブオイル、バターをからめ、170℃のオーブンに入れてローストする。
6 芽キャベツを縦半分に切り、繊維を切るように2mm幅に切る。オリーブオイルでソテーして塩をする。
7 芽キャベツのピュレを皿に盛り付け、6、2の猪豚の煮込み、4、5を盛り付ける。2の鍋に残ったソースにオリーブオイルを加えてまわしかけ、3を添えてコショウをふり、オリーブオイルをかける。

→ p.90
トリッパと白インゲンのサフラン煮込みのパスタ・トルナード

【材料】2人分
トルナード（p127）120g
トリッパの煮込み（下記）80g
鶏のブロード（p126）4ℓ
ブラックオリーブ（種を取り除き、5mm角）20g
赤トウガラシ（みじん切り）適量
タイム 2枝 ニンニク 1片
レモンピール（すりおろす）適量
パルミジャーノチーズ 適量
ペコリーノ・ロマーノチーズ 適量
コショウ、オリーブオイル 各適量

トリッパの煮込み

[材料] 作りやすい分量
トリッパ 2kg
白ワイン 240mℓ
ホールトマト（1cm角）2.5kg
白アズキ（約半日間、水に浸してもどす）2.5kg
ソフリット（p126）600g
鶏のブロード（p126）4ℓ
サフラン 少量
オリーブオイル、塩 各適量
A タマネギ（繊維を断つように5mm厚）800g
  ニンジン（5mm厚）200g
  セロリ（5mm厚）600g
  ローリエ 4枚
  コショウ（ホール）20粒
[作り方]
1 トリッパを鍋に入れたっぷりの水と適量の酢（分量外）を加え、15〜20分間ゆでこぼす。これを水の臭みがとれるまで3

回ほど繰り返す。
2 1のトリッパを鍋に入れ、水、Aを加えて15〜20分間ゆでる。
3 トリッパを取り出して粗熱をとる。約1cm×2.5cmに切る。
4 鍋にオリーブオイルを入れ、3のトリッパを炒めて塩で味をととのえる。サフランを加えてさっとからめ、白ワインを入れて煮詰める。ホールトマトを入れて余分な水分を飛ばし、鶏のブロード、ソフリットを加えて50分〜1時間トリッパがやわらかくなるまで煮込む。白アズキを入れ、白アズキが崩れないように煮る。

【作り方】
1 パスタソースを作る。フライパンにオリーブオイルを入れ、ニンニク、赤トウガラシ、タイムを加えて弱火でじっくりと香りを出す。鶏のブロード、トリッパの煮込みを加える。
2 塩湯でトルナードをゆでる。
3 1にトルナードを合わせ、ブラックオリーブ、レモンピールをからめて皿に盛る。パルミジャーノチーズとペコリーノ・ロマーノチーズを削りかけ、コショウとオリーブオイルをかける。

→ p.91
河内鴨とウスイエンドウのストラート、ペコリーノとパルミジャーノで

【材料】2人分
ウスイエンドウのストラート(p127) 200g
河内鴨ムネ肉 60g
河内鴨のブロード(p37) 100㎖
河内鴨の皮の煮込み（ブロードをとった時に出る皮を使用）20g
ウスイエンドウのブロード(p126) 50㎖
ウスイエンドウ 50g
長ネギ 40g
アンチョビー（みじん切り） 6g
パルミジャーノチーズ 適量
ペコリーノ・ロマーノチーズ 適量
塩、コショウ 各適量
オリーブオイル 30㎖　ニンニク 1片
赤トウガラシ（みじん切り）少量

【作り方】
1 河内鴨のブロードをとった時に取り出した皮(p37)をブロードとともに鍋にとって火にかける。皮がトロトロになったら鍋のままゆっくりと冷まして皮に味を含ませる。適当な大きさにきざむ。
2 河内鴨のムネ肉の皮とスジを取り除き、繊維を切るように3mm幅に切って6mm角に切る。塩、コショウ、オリーブオイルをからめておく。
3 ウスイエンドウをウスイエンドウのブロードでゆでて薄皮をむく。このブロードはあとで使う。長ネギを縦半分に切り、斜め5mm幅に切る。
4 フライパンにオリーブオイルとつぶしたニンニク、赤トウガラシを入れて弱火にかけ、香りを出す。長ネギを加え、塩をしてさっと炒めてアンチョビーを加える。河内鴨のブロードと3のウスイエンドウのブロード、河内鴨の皮の煮込みを入れる。
5 ストラートを塩湯でゆでる。
6 4にゆで上がったストラートを入れ、なじませるように和えながら火を通す。ニンニクを取り除く。水分がなくなってきたら2の鴨のムネ肉を加え短時間で一気にからめて皿に盛る。パルミジャーノチーズとペコリーノ・ロマーノチーズを削りかけ、オリーブオイルとコショウをかける。

→ p.94-95
いろいろなトマトのマルゲリータ

【材料】1枚分
ピッツァ生地(p93) 200g
ピッツァ用トマトソース(p93) 50g
モッツァレッラチーズ（ひと口大）80g
バジリコ 2g
パルミジャーノチーズ 10g
赤ミニトマト 16個
黄ミニトマト 8個
フルーツトマト 3個
青トマト 6個
ドライトマト（細切り） 4g
塩、オリーブオイル 各適量

【作り方】
1 赤ミニトマト10個、黄ミニトマトを横半分に切り、塩、オリーブオイルをからめて、140℃のオーブンで約45分間加熱する。フルーツトマトは縦4等分に切り、塩、オリーブオイルで味をととのえて、140℃のオーブンで約45分間加熱する。
2 赤ミニトマト6個は縦4等分に切り、青トマトは縦8等分にしてからさらに3等分にスライスする。これらをボウルに入れ、塩とオリーブオイルで味を付ける。
3 ピッツァ生地を手で丸くのばし、縁を残してトマトソースを薄く塗る。モッツァレッラチーズ、バジリコ、1のトマト、2のトマト、ドライトマトを散らし、パルミジャーノチーズとオリーブオイルをかける。
4 450℃の薪窯で1分30秒間焼く。

たっぷりマッシュルームのクリーミーピッツァ

【材料】1枚分
ピッツァ生地(p93) 200g
モッツァレッラチーズ（ひと口大）80g
パルミジャーノチーズ 10g
マッシュルーム（4mm幅）80g
マッシュルームのクリーミーソース（下記）40g
イタリアンパセリ（みじん切り） 適量
レモン汁 2g
コショウ（ホール）適量
塩、オリーブオイル 各適量

マッシュルームのクリーミーソース

[材料]作りやすい分量
マッシュルーム（細かくみじん切り） 100g
ポルチーニ茸（細かくみじん切り）10g
ニンニク 1/2片
バター 10g　　生クリーム 40g
鶏のブロード(p126) 20㎖
白ワイン 10㎖
塩、オリーブオイル 各適量

[作り方]
フライパンにオリーブオイルとつぶしたニンニクを入れて弱火にかける。香りが出たらマッシュルームとポルチーニ茸を加え、塩をして弱火でじっくりと炒める。バターを加えさらに炒めて白ワインを加える。アルコール分が飛んだら鶏のブロード、生クリーム10gを加える。ニンニクごとブレンダーで撹拌し、なめらかになったら、細かい目のシノワで裏漉す。生クリーム30gを混ぜ合わせる。

【作り方】
1 マッシュルームをボウルに入れ、塩とオリーブオイルで味付けする。
2 ピッツァ生地を手で丸くのばし、縁を残してマッシュルームのクリーミーソースを薄く塗る。モッツァレッラチーズ、1のマッシュルームを散らし、コショウ、パルミジャーノチーズ、オリーブオイルをかける。

3 450℃の薪窯で1分30秒間焼く。レモン汁とイタリアンパセリを散らす。

シュークルートとゴルゴンゾーラ、ドライイチジクのピッツァ メープルシロップとコショウの風味

【材料】1枚分
ピッツァ生地(p93) 200g
ピッツァ用トマトソース(p93) 50g
A モッツァレッラチーズ(ひと口大) 60g
　バジリコ 2g
　ゴルゴンゾーラチーズ 20g
　プロシュート・コット(1cm角×3mm厚) 30g
　シュークルート(下記) 40g
　クルミ、松の実(各ロースト) 各適量
　ドライイチジク* 24g
パルミジャーノチーズ 10g
コショウ、オリーブオイル 各適量
メープルシロップ 4g
ハチミツ 4g

*ボウルにドライイチジク10個と水100mlを入れ、2〜3時間浸ける。これを水ごとフライパンに入れて弱火で煮る。水分がなくなってきたらラム酒15mlを加えてアルコール分を飛ばす。

シュークルート

[材料]作りやすい分量
キャベツ(細切り) 1個
白ワイン 100ml
オリーブオイル 30ml
トマトヴィネガー 50ml
塩 適量
[作り方]
フライパンにオリーブオイルをしき、キャベツを入れてソテーする。塩で味をととのえる。白ワインを加えて蓋をし、キャベツがしんなりするまで蒸し煮する。さらに蓋をはずして水分を飛ばし、トマトヴィネガーを加えて急冷する。

【作り方】
1 ピッツァ生地を手で丸くのばし、縁を残してトマトソースを薄く塗る。Aを順番にのせる。コショウ、パルミジャーノチーズ、オリーブオイルを全体にかける。
2 450℃の薪窯で1分30秒間焼く。メープルシロップとハチミツをかける。

トウモロコシとアンチョビーバターのピッツァ

【材料】1枚分
ピッツァ生地(p93) 200g
ピッツァ用トマトソース(p93) 50g
モッツァレッラチーズ(ひと口大) 80g
パルミジャーノチーズ 10g
トウモロコシ(圧力鍋で加熱*済) 120g
アンチョビーバター(下記) 20g
コショウ 適量　オリーブオイル 適量

*トウモロコシ1本を圧力鍋に入れ、昆布水(p36)90ml、ハチミツ適量、塩少量をかけて蓋をし、3分間加圧する。

アンチョビーバター

[材料]作りやすい分量
有塩バター 100g
アンチョビー(細かいみじん切り) 40g
レモン汁 4g
生クリーム 15g
[作り方]
1 バターを常温にもどしてかき混ぜ、きざんだアンチョビーとレモン汁を加えて混ぜ合わせる。
2 生クリームをボウルに入れ、氷水をあてて冷やしながら7分立てに泡立てる。
3 1と2を合わせる。

【作り方】
1 ピッツァ生地を手で丸くのばし、縁を残してトマトソースを薄く塗る。モッツァレッラチーズ、火を入れたトウモロコシを散らし、コショウ、パルミジャーノチーズ、オリーブオイルをかける。
2 450℃の薪窯で1分30秒間焼く。アンチョビーバターを散らす。

タケノコと木の芽風味のバーニャカウダソースのピッツァ

【材料】1枚分
ピッツァ生地(p93) 200g
ピッツァ用トマトソース(p93) 50g
A モッツァレッラチーズ(ひと口大) 60g
　バジリコ 2g
　パルミジャーノチーズ 10g
　タケノコ(含め煮*) 90g
　木の芽風味のバーニャカウダソース(下記) 12g
木の芽、トマトヴィネガー 各適量
塩、オリーブオイル 各適量

*鍋にタケノコ(p108の下処理をして薄切り)を入れ、鶏のブロード(p126)と同量のアサリのブロード(p37)を加えてひと煮立ちさせ、そのままゆっくり冷まして味を含ませる。

木の芽風味のバーニャカウダソース

[材料]作りやすい分量
ニンニクのピュレ* 110g
アンチョビーペースト 30g
エシャロットのソフリット(みじん切りをオリーブオイルでソテーする) 20g
卵黄 20g
太白ゴマ油 30ml　塩 適量
木の芽(葉だけを細かくきざむ) 18g
オリーブオイル 4ml

*ニンニクを牛乳で2〜3回ゆでこぼしてミキサーでピュレ状にする。
[作り方]
1 フライパンにアンチョビーペーストを入れてさっと炒め、ニンニクのピュレ、エシャロットのソフリットを加えて沸いたら火を止める。ブレンダーで撹拌し、細かい目のタミで裏漉しする。
2 ボウルに卵黄を入れ、湯せんで温めながら泡立て器で撹拌する。太白ゴマ油を少量ずつ加えながら混ぜ、濃度が出てきたら塩で味をととのえる。
3 木の芽とオリーブオイルをブレンダーに入れ、ペースト状にする。
4 1〜3を混ぜ合わせる。

【作り方】
1 含め煮したタケノコをボウルに入れ、塩、オリーブオイル、トマトヴィネガーでからめておく。
2 ピッツァ生地を手で丸くのばし、縁を残してトマトソースを薄く塗る。Aを順にのせ、木の芽風味のバーニャカウダソース、オリーブオイルをかける。
3 450℃に熱した薪窯に入れて1分30秒間焼く。タケノコと木の芽を散らす。

たっぷりフルーツとハチミツのデザートカルツォーネ

【材料】1枚分
ピッツァ生地(p93) 120g
カタラーナ(右記) 20g

ドライフルーツジャム(下記) 30g
バナナ(4mm厚) 40g
ラズベリー 2粒
ブルーベリー 2粒
ハチミツ 4g
シナモン、粉糖、ラム酒 各適量
ミルキージェラート(下記) 70g

カタラーナ

[材料]
卵黄 100g　グラニュー糖 100g
生クリーム 350g　牛乳 150g
バニラビーンズ 1/2本
[作り方]
1 ボウルに卵黄とグラニュー糖を入れてよく混ぜ合わせる。
2 鍋に生クリームと牛乳、バニラビーンズをさやごと入れ、香りが移るまで弱火で温める。
3 2を1にゆっくり入れて混ぜ合わせ、シノワで漉す。バットに移し、蓋をして湯せんにかけながらコンベクションオーブン(135℃湿度50%)で約24分間加熱する。

ドライフルーツジャム

[材料]
レーズン、クランベリー、イチジク(いずれもドライ) 各100g
モモ(ドライ) 50g
ラム酒 適量
[作り方]
ドライフルーツを水(分量外)に浸けてやわらかくもどす。水から取り出して(もどし汁はとっておく)粗くきざむ。鍋に入れ、もどし汁を加えてゆっくりと弱火で煮込む。水分がなくなってきたらラム酒を入れアルコール分を飛ばす。フードプロセッサーで粗くつぶす。

ミルキージェラート

牛乳 600g　生クリーム 400g
脱脂濃縮乳 250g　練乳 500g
[作り方]
材料をすべて混ぜ合わせ、ジェラートマシンにかけて冷やし固める。

[作り方]
1 ボウルにスライスしたバナナを入れハチミツとシナモン、ラム酒で味付けする。
2 ピッツァ生地を手で丸くのばす。生地の半分の面に、カタラーナを薄く塗り広げ、ドライフルーツジャムを塗って1のバナナ、ラズベリー、ブルーベリーを散らし、粉糖をかけて、生地を半月状に折りたたんで周囲を押して綴じる。表面にも粉糖を軽くふりかける。
3 450℃の薪窯で1分30秒間焼く。
4 皿に盛り、ミルキージェラートを盛り付けて粉糖とシナモンをふりかける。

→ p.100
イチゴの落とし穴2013

【材料】2人分
イチゴ(縦2mm厚) 8個分
チュイール(下記) 2枚
シブーストクリーム(下記) 50g
イチゴ(2mm角) 200g
グラニュー糖 24g
ミルキージェラート(左記) 90g
粉糖 少量
グラッパ 少量

チュイール

[材料]作りやすい分量
バター(常温にもどす) 100g
粉糖 200g　卵白 150g
薄力粉(ふるう) 150g
[作り方]
バターと粉糖を泡立て器でよく混ぜ合わせ、卵白、薄力粉の順に加えさらによく混ぜる。冷蔵庫で半日間落ち着かせ、アクリル板で作った直径12.5cmの型に薄くしく。コンベクションオーブン(150℃)できれいな焼き色が付くまで焼く。焼き時間の目安は8分間。

シブーストクリーム

[材料]作りやすい分量
卵白(常温にもどす) 70g
グラニュー糖 140g
水 48g
クレーム・パティシエール(右記) 440g
板ゼラチン(冷水に浸してもどす) 4g
ブランデー 12g
[作り方]
1 イタリアンメレンゲを作る。グラニュー糖と水を鍋に入れ、117℃になるまで加熱してシロップを作る。卵白をスタンドミキサーに入れ、高速で7分立てにしてシロップをゆっくりと糸を垂らすように加えながら撹拌を続ける。すべてのシロップが入ったら中速にして気泡をととのえる。ひと肌の温度になるまで撹拌を続ける。
2 ボウルにクレーム・パティシエールを入れて湯せんで60℃くらいまで温め、絞った板ゼラチンとブランデーを加えてゼラチンを溶かす。45℃になるまで冷まして、ひと肌の温度のイタリアンメレンゲを加える。気泡をつぶさないようにヘラを立てながらよく混ぜ合わせる。
3 深いバットなどに流し入れて、冷蔵庫で半日間冷やす。

クレーム・パティシエール

[材料]作りやすい分量
牛乳 500g
バニラビーンズ 1/2本
グラニュー糖 90g
卵黄 100g　薄力粉(ふるう) 20g
コーンスターチ(ふるう) 20g
バター(常温にもどして1cm角) 40g
[作り方]
1 鍋に牛乳と少量のグラニュー糖とバニラビーンズをさやと種に分けて入れ火にかける。沸騰してきたら火を止めて蓋をして蒸らし、バニラの香りを十分に引き出す。
2 ボウルに残りのグラニュー糖と卵黄を入れて白っぽくなるまで混ぜ合わせる。薄力粉とコーンスターチを加え、さらによく混ぜ合わせる。
3 2に1の牛乳の半量を加え、なじませてから1の鍋にもどし入れる。火にかけ、混ぜながらゆっくりと加熱して、粉類に完全に火を通す。ツヤが出てもったりとした状態になったらバターを加え、火を止めて余熱で混ぜる。細かい目のタミで裏漉して急冷する。

[作り方]
1 イチゴのコンフィチュールを作る。2mm角に切ったイチゴにグラニュー糖を混ぜ合わせ、約2時間冷蔵庫におく。イチゴから出た水分を漉して鍋に入れ、1/4量になるまで煮詰め、イチゴの果肉を加えてさっと火を通してフレッシュ感が残るように煮詰からめる。
2 皿にシブーストクリームと1のできたてのイチゴのコンフィチュールを盛り付ける。チュイールで蓋をして、スライスしたイチゴを盛り付ける。
3 2のイチゴの上にグラッパと粉糖をふりかける。別の器にミルキージェラートを入れて添える。

→ p.101
イチゴの落とし穴2014

【材料】2人分
イチゴ(ヘタをとり、3mm角) 130g
イチゴのソルベット(下記) 80g
ホワイトチョコディスク* 2枚

ミルキーソース(下記) 48g
グラッパ 8g
*テンパリングしたホワイトチョコレートを厚さ1mmの板状にのばし、冷暗所で冷やし固める。直径12cmのセルクルで丸形に抜く。

イチゴのソルベット
[材料]作りやすい分量
イチゴ(ヘタをとって適宜に切る) 500g
粉糖 適量
[作り方]
イチゴをブレンダーに入れ、よくつぶす。粉糖を加えて甘さをととのえ、ジェラートマシンで冷やし固める。

ミルキーソース
[材料]作りやすい分量
脱脂濃縮乳 50g　ハチミツ 60g
バター 40g　生クリーム 75g
マスカルポーネチーズ 150g
バニラビーンズ(縦半分に切って種を取り出す) 1/5本
グラッパ 4g
[作り方]
材料すべてを鍋に入れ、火にかけて混ぜ合わせながらトロリとした濃度になったら、急冷する。

【作り方】
1 皿にイチゴのソルベットを盛り付け、その上にイチゴを盛る。ホワイトチョコディスクで蓋をする。
2 鍋で温めたミルキーソースにグラッパを加え、別の容器に入れて提供する。

→ p.102
イチゴのフレッシュポタージュ、ハチミツのジュレ、シャンパンの泡をのせて 2010

【材料】2人分
イチゴ(縦2mm厚) 150g
イチゴのクリアソルベ(下記) 20g
ハチミツのジュレ(右記) 30g
シャンパーニュのエスプーマ(右記) 24g
グラッパ 適量

イチゴのクリアソルベ
[材料]作りやすい分量
イチゴ(薄く切る) 230g
白ワイン(酸味の少ないもの) 500g
水 230g　ハチミツ 86g
[作り方]

鍋に白ワインを入れ、半量になるまで煮詰める。水、イチゴを加え、沸騰しない程度の弱火でアクを取りながら煮込む。果肉をあまりつぶさないようにシノワで裏漉しして鍋にもどし、ハチミツを加えて火にかける。トロミが出るまで弱火で煮詰めて急冷してジェラートマシンにかける。

ハチミツのジュレ
[材料]作りやすい分量
白ワイン 300g
水 100g　ハチミツ 250g
板ゼラチン(冷水に浸してもどす) 8g
[作り方]
白ワインを鍋に入れ、220gになるまで煮詰める。水とハチミツを加え、沸騰したら火を止めて絞った板ゼラチンを溶かす。細かい目のシノワで漉して、急冷する。

シャンパーニュのエスプーマ
[材料]作りやすい分量
シャンパーニュ 250g
シロップ 50g
板ゼラチン(冷水に浸けてもどす) 4g
[作り方]
シロップを鍋に入れて沸騰させ、絞った板ゼラチンを加えて溶かし、シャンパーニュと合わせる。しっかり冷やして、サイフォンに入れて炭酸ガスを注入する。

【作り方】
1 イチゴのポタージュを作る。イチゴ50gをブレンダーでしっかりつぶす。甘みが少ない場合は、粉糖(分量外)で甘みをととのえる。
2 ボウルに残りのイチゴ100gを入れ、グラッパをからめる。
3 皿にイチゴのポタージュを入れ、2のイチゴを盛る。ハチミツのジュレ、イチゴのクリアソルベを添え、シャンパーニュのエスプーマをのせる。

→ p.103
イチゴのNEOショートケーキ 2014

【材料】2人分
イチゴ(縦2mm厚) 50g
イチゴのソルベット(左記) 96g
ジェノワーズ(右記) 36g
イチゴのコンフィチュール(右記) 80g
マスカルポーネチーズムース(右記) 60g

ジェノワクラム(ジェノワーズを細かくクラムにしたもの) 18g
ハチミツ入りミルキーソース(右記) 28g
ブランデー 8g　グラッパ 適量

イチゴのコンフィチュール
[材料]作りやすい分量
イチゴ(2mm角) 1kg
グラニュー糖 120g
[作り方]
イチゴにグラニュー糖を混ぜ合わせ、約2時間冷蔵庫におく。イチゴから出た水分を漉して鍋に入れ、1/4量になるまで煮詰め、煮詰まったらイチゴの果肉を加えてさっと火を通して、フレッシュ感が残るように煮詰めからめる。

ジェノワーズ
[材料]作りやすい分量
卵(ときほぐす) 660g
グラニュー糖 440g
薄力粉(ふるう) 495g
バター(湯せんで溶かす) 165g
牛乳 75g
ハチミツ(湯せんで温める) 33g
[作り方]
1 卵とグラニュー糖を混ぜ合わせ、湯せんで温めながら攪拌する。しっかりと泡だったら薄力粉、溶かしておいたバター、牛乳、ハチミツを加えてさっくり混ぜる。
2 コンベクションオーブン(160℃湿度30%)で約50分間焼いて粗熱をとる。

マスカルポーネチーズムース
[材料]作りやすい分量
マスカルポーネチーズ 600g
卵白 100g
グラニュー糖 150g
イソマルト(糖アルコールの一種の甘味料) 70g
牛乳 40g
板ゼラチン(冷水に浸けてもどす) 4g
[作り方]
1 イタリアンメレンゲを作る。イソマルトを鍋に入れて溶かし、グラニュー糖を加えてさらに溶かして117℃になるまで加熱してシロップを作る。卵白をスタンドミキサーで高速攪拌して7分立てにし、シロップをゆっくりと糸を垂らすように加えながら攪拌を続ける。すべてのシロップが入ったら中速にして気泡をととのえる。ひと肌の温度になるまで攪拌を続ける。
2 牛乳を湯せんにかけて温め、板ゼラチンを加えて溶かす。
3 ボウルにマスカルポーネチーズを入れ、2を少しずつ加え、ダマにならないよう混ぜ合わせる。1のイタリアンメレンゲを2～3回に分けて加え、ダマにならないよう混ぜ合わせる。

ハチミツ入りミルキーソース

[材料]作りやすい分量
牛乳 120g　生クリーム 50g
ハチミツ 30g　バター 20g
脱脂濃縮乳 40g
バニラビーンズ（縦半分に切って種を取り出す）1/5本
マスカルポーネチーズ 30g
[作り方]
材料すべてを鍋に入れ、混ぜ合わせながら焦がさないよう弱火で火にかける。2/3量になったら急冷する。

【作り方】

1 皿に5mm角に切ったジェノワーズを入れ、イチゴのコンフィチュールをのせる。
2 マスカルポーネチーズムースを盛り、全体が隠れるくらいジェノワクラムをふりかける。
3 別の容器にイチゴのソルベットを盛り、その上にスライスしたイチゴを盛り付けグラッパを数滴かける。
4 鍋で温めたハチミツ入りミルキーソースにブランデーを加え、別の容器に入れて提供する。

→ p.104
モモの絶妙コンポート、プラムのサンセットスープとシャンパーニュのソルベット添え

【材料】2人分
モモ（白桃）のコンポート（下記）1個
プラムのサンセットスープ（右記）60ml
シャンパーニュのソルベット（右記）120g
ミントの葉 適量

モモのコンポート

[材料]作りやすい分量
モモ 8個
白ワイン 800ml
水 1.2ℓ
グラニュー糖 600g　レモン汁 12ml
[作り方]
1 モモを縦半分に切って種を取り出す。
2 鍋に白ワイン、水、グラニュー糖、レモン汁を入れて火にかけ、沸騰してきたら弱火で10分間煮る。モモを入れて10分間煮る。
3 モモの皮をとり除き、煮汁に浸けたままゆっくりと常温になるまで冷まして味を含ませる。粗熱をとり、煮汁に浸けたまま冷蔵庫に入れて冷やす。

プラムのサンセットスープ

[材料]作りやすい分量
プラム（ソルダム）5個
シロップ（グラニュー糖1：水1）適量
アスコルビン酸 少量
[作り方]
プラムの皮と種をとって粗くきざみ、ミルサーでスープ状になるまで撹拌する。シロップを加えてボーメ23に調整する。アスコルビン酸を加える。

シャンパーニュのソルベット

[材料]作りやすい分量
シャンパーニュ 300ml
モモのコンポート液 300ml
[作り方]
シャンパーニュとコンポート液を1：1の割合で混ぜ合わせ、アイスクリームマシンにかけて冷やし固める。

【作り方】

皿にプラムのサンセットスープを流し、その上にモモのコンポートを断面が上になるよう盛り付ける。シャンパーニュのソルベットを盛り付け、ミントの葉をたっぷりとのせる。

液体窒素を使ったデラウェアの瞬間ソルベット

【材料】2人分
デラウェア（皮を取り除く）300g
液体窒素

【作り方】

デラウェアをミキサーでジュース状になるまで撹拌する。これをボウルに入れて液体窒素を注ぎ入れ、ソルベット状になるまでよくかき混ぜながら冷し固める。

バニラ風味の温かいスフレ ヴィンコットソース 洋梨のソテー添え

【材料】2人分
クリームチーズ（常温にもどす）74g
バター（常温にもどす）17g
A 卵黄 7g
　牛乳 9g
　バニラビーンズ（種）少量
薄力粉（ふるう）7g
コーンスターチ（ふるう）7g
メレンゲ 80g（卵白 54gにグラニュー糖 26gを加えて泡立てる）
ヴィンコットソース（下記）60ml
マスカルポーネチーズムース（p124）80g
洋ナシ（実をくし型に切る）1個
バター 少量
ポワールウィリアム、ハチミツ 各少量

ヴィンコットソース

[材料]作りやすい分量
ヴィンコット 750ml
シャンパーニュ 750ml
[作り方]
ヴィンコットとシャンパーニュを鍋に入れて火にかけ、アルコール分を飛ばす。

【作り方】

1 洋ナシのソテーを作る。フライパンにバターを入れて火にかけ、洋ナシを焼く。少し焼き色がついたらハチミツとポワールウィリアムを加える。
2 バニラスフレを作る。ボウルにクリームチーズとバターを入れてポマード状になるまで混ぜ合わせる。Aを加えて混ぜ合わせ、薄力粉とコーンスターチを入れてさっくりと混ぜ合わせる。これを湯せんでやわらかくし、メレンゲをさっくりと混ぜ合わせてスフレ生地を作る。天板にオーブンペーパーをしき、直径6cmのセルクルをおく。セルクルの内側にオーブンペーパーを貼り付け、スフレ生地を流す。コンベクションオーブン（200℃湿度10%）に入れ、約14分間焼く。
3 鍋にヴィンコットソースを入れて温め、バターを適量加えて混ぜ合わせる。
4 皿に2のスフレをのせ、マスカルポーネチーズムースと洋ナシのソテーを添える。3のソースをかけ、スフレに粉糖（分量外）をかける。

ブロードなど料理のベース

〈ソフリット〉

【材料】作りやすい分量
タマネギ(みじん切り) 900g
ニンジン(みじん切り) 450g
セロリ(みじん切り) 450g
オリーブオイル 適量

【作り方】
フライパンにオリーブオイルをしき、タマネギ、ニンジン、セロリを入れてじっくりと炒める。この時、あまり混ぜ過ぎない。しっかり凝縮させてよい香りになるまで加熱する。でき上がり量の目安は約600g。

〈エシャロット・レデュクション〉

【材料】作りやすい分量
エシャロット(薄切り) 100g
日本酒 230mℓ 昆布(3cm角) 1枚

【作り方】
エシャロットを鍋に入れ、日本酒、昆布を加えて火にかける。沸騰してから約10分間弱火で煮込み、ザルで漉す。でき上がり量の目安は約60mℓ。

〈グレモラータ〉

【材料】作りやすい分量
イタリアンパセリ(みじん切り) 30g
アンチョビー(みじん切り) 12g
塩漬けケイパー 8g
レモンの皮(すりおろす) 10g
ニンニク 少量
オリーブオイル 30mℓ

【作り方】
すべての材料をブレンダーに入れ、ペースト状になるまでつぶす。

〈ヴィネグレット〉

【材料】作りやすい分量
オリーブオイル 300mℓ
シェリーヴィネガー 100g
塩 適量 コショウ 適量

【作り方】
材料をすべて混ぜ合わせる。

〈バジリコオイル〉

【材料】
バジリコ、オリーブオイル 各適量

【作り方】
鍋にオリーブオイルとバジリコ(枝ごと)を入れて弱火にかけ、2〜3分間加熱して香りを移す。

〈鶏のブロード〉

【材料】でき上がり20ℓ分
親鶏 10kg
仔牛のゲンコツ 7kg
手羽先 7kg
タマネギ(1/8個大) 4個分
ニンジン(3cm角) 3本分
セロリ(適宜に切る) 1束
イタリアンパセリの茎 30本
コショウ(ホール) 約50粒
ローリエ 10枚 水 50ℓ

【作り方】
1 仔牛のゲンコツをぶつ切りにし、水にさらして血抜きする。親鶏は内臓を取り除き、ぶつ切りにして水にさらして血抜きする。手羽先はぶつ切りにし、水にさらして血抜きする。
2 仔牛のゲンコツのブロードをとる。鍋に1のゲンコツと20ℓの水を入れて火にかけ、沸騰してきたらアクをていねいに取り除きながら約1時間30分間煮る。でき上がり量は10ℓが目安。冷ましておく。
3 2に水30ℓをたし、1の親鶏、手羽先を入れて火にかけ、沸騰してきたらアクをていねいに取り除く。
4 タマネギ、ニンジン、セロリ、イタリアンパセリの茎、コショウ、ローリエを加えて約1時間30分煮る。途中、アクと油脂を取り除く。シノワで漉す。

〈鴨のブロード〉

【材料】作りやすい分量
鴨の骨、皮、スジ(骨に付いている血を洗い流す) 1羽分
鶏のブロード(上記) 2ℓ
長ネギの葉(3cm幅) 3本分
イタリアンパセリの茎 10本
コショウ(ホール) 20粒
ローリエ 1枚 昆布(5cm角) 2枚

【作り方】
1 鍋に鴨の骨と皮、スジ、鶏のブロードを入れて火にかけ、沸騰してきたらアクをていねいに取り除く。
2 そのほかの材料を加える。
3 弱火で約2時間煮る。途中、昆布が煮溶けそうになったら取り出す。シノワで漉す。

〈野菜のブロード〉

【材料】作りやすい分量
タマネギ(7mm厚) 500g
ニンジン(皮付き5mm厚) 300g
セロリ(5mm厚) 300g
トマト(皮付き7mm厚) 300g
鶏のブロード(左記) 1ℓ
昆布水(p36) 1ℓ

【作り方】
鍋に材料をすべて加え、沸騰したら火を弱めて、アクを取りながら約30分間煮る。シノワで漉す。

〈ウスイエンドウのブロード〉

【材料】作りやすい分量
ウスイエンドウのさや 400g
昆布 10g 水 600mℓ

【作り方】
さやを鍋に入れ、さやが浸るくらいの水と昆布を加え、沸騰したらアクをすくいながら10分間煮出して漉す。

〈牛肉のスーゴ〉

【材料】作りやすい分量
牛肉のスジや端肉(2cm角) 850g
タマネギ(5mm厚) 120g
ニンジン(皮付きで3mm厚) 80g
セロリ(3mm厚) 100g
鶏のブロード(左記) 1.7ℓ
ローリエ 3枚
コショウ(ホール) 30粒
イタリアンパセリの軸 10本
赤ワイン 350mℓ
白ワイン 150mℓ
マルサラ酒(1/6量になるまで煮詰めたもの) 適量
スグリワイン(1/6量になるまで煮詰めたもの) 適量
オリーブオイル 適量

【作り方】
1 フライパンを火にかけ、オリーブオイルをしいてタマネギ、ニンジン、セロリを炒め、ザルにあげて余分な油脂分をきる。

パスタの成形

2 別のフライパンを火にかけ、オリーブオイル、牛肉のスジや端肉を入れてしっかりと炒め、ザルにあげて余分な油脂分をきる。
3 鍋に2、赤ワイン、白ワインを加えて火にかけ、ワインがほとんどなくなるまで煮詰める。鶏のブロードを加えて沸騰させ、油脂やアクを取り除く。1と、ローリエ、コショウ、イタリアンパセリの軸を加えて煮込む。煮込み時間の目安は約1時間20分間。
4 煮汁を漉して煮詰め、マルサラ酒とスグリワインを合わせる。

〈鴨のスーゴ〉

【材料】作りやすい分量
鴨の骨や端肉(3cm角) 2kg
タマネギ(5mm厚) 250g
ニンジン(皮付きで3mm厚) 200g
セロリ(3mm厚) 200g
鶏のブロード(左記) 2.5ℓ
ローリエ 6枚
コショウ(ホール) 30粒
イタリアンパセリの軸 30本
赤ワイン 600㎖
白ワイン 300㎖
マルサラ酒(1/6量になるまで煮詰めたもの) 少量
オリーブオイル 適量

【作り方】
1 フライパンを火にかけ、オリーブオイルをしいてタマネギ、ニンジン、セロリを香りや甘味が出るまでじっくりと炒める。
2 別のフライパンを温めて、オリーブオイル、鴨の骨や端肉を入れてしっかりと炒め、ザルで余分な油脂分をきる。
3 鍋に2と赤ワイン、白ワインを加えて弱火にかけ、ワインを煮詰める。鶏のブロードを加えて沸騰させ、油脂やアクを取り除く。1とローリエ、コショウ、イタリアンパセリの軸を加えて煮出す。煮込み時間は約1時間15分間。
4 煮汁を漉し、軽く煮詰めたマルサラ酒と合わせる。

〈タリオリーニ〉

1 打ち粉をした台の上にパスタ生地B (p89)を取り出し、パスタマシンの幅に合わせて適宜に切り分ける。
2 手で平らにのばし、打ち粉をしながら何度かパスタマシンにかけて2mm弱の厚さにのばす。
3 折りたたんで2mm幅に切る。

〈トルナード〉

1 打ち粉をした台の上にパスタ生地B (p89)を取り出し、パスタマシンの幅に合わせて適宜に切り分ける。
2 手で平らにのばし、打ち粉をしながら何度かパスタマシンにかけて3mm弱の厚さにのばす。
3 幅2.5cm、長さ15cmの帯状に切る。
4 生地の端に、卵液(分量外)を塗ってうず巻き状に巻き、止める。

〈ストラート〉

1 打ち粉をした台の上にウスイエンドウのパスタ生地(緑色)*とパスタ生地A(白色)を取り出し、パスタマシンの幅に合わせてそれぞれ適宜に切り分ける。
2 手でそれぞれ平らにのばし、打ち粉をしながら何度かパスタマシンにかけて5mm厚にのばす。
3 2の2色の生地を下から白生地→緑生地→白生地→緑生地→白生地の順に5層に重ねる。
4 パスタマシンにかけて7mm厚にのばす。
5 キタッラで麺状に押し出す。角をつぶすように手で麺を転がす。
6 5cmに切る。両手で軽くよじる。

ウスイエンドウのパスタ生地

[材料]
強力粉(ふるう) 260g
セモリナ粉(ふるう) 40g
ウスイエンドウのパウダー(p58) 300g
卵白、水 各70g
塩、オリーブオイル 各適量

[作り方]
ボウルに材料をすべて入れて混ぜ合わせる。まとまってきたら打ち粉をした台の上に移し、練り上げて真空パックにして冷蔵庫で3時間休ませる。

うず巻き状のトルナード

山根大助 *Daisuke Yamane*

1961年大阪生まれ。大阪あべの辻調理師専門学校を卒業後、神戸「ドンナロイヤ」に入社して84年渡伊。ミラノ「グアルティエロ・マルケージ」をはじめ各地で修業を重ねる。86年に帰国し、同年「ポンテベッキオ」を開店。2004年にはイタリア文化の日本への橋渡しに貢献したとしてイタリア政府よりカヴァリエーレ章を受勲。現在、北浜本店のほかに梅田に「モード ディ ポンテベッキオ／ウ in モード」、「エキ ポンテベッキオ」を構える。

「ポンテベッキオ」
大阪市中央区北浜1-8-16 大阪証券取引所ビル1F
TEL.06-6229-7770

取材・編集　土田美登世 *Mitose Tsuchida*
撮　影　　海老原俊之 *Toshiyuki Ebihara*
装丁・デザイン　高橋美保 *Miho Takahashi*
Special Thanks to Hiroko Kawai

全力イタリアン
「ポンテベッキオ」が求める究極の味

初版印刷　2016年9月10日
初版発行　2016年9月25日
著　者　ⓒ　山根大助
発 行 者　土肥大介
発 行 所　株式会社柴田書店
　　　　　〒113-8477　東京都文京区湯島3-26-9 イヤサカビル
　　　　　営業部　03-5816-8282（注文・問合せ）
　　　　　書籍編集部　03-5816-8260
　　　　　http://www.shibatashoten.co.jp
印刷・製本　凸版印刷株式会社

本書収録内容の無断掲載・複写（コピー）・データ配信等の行為は固く禁じます。
乱丁・落丁本はお取り替えいたします。
ISBN978-4-388-06248-5
Printed in Japan